U0947964

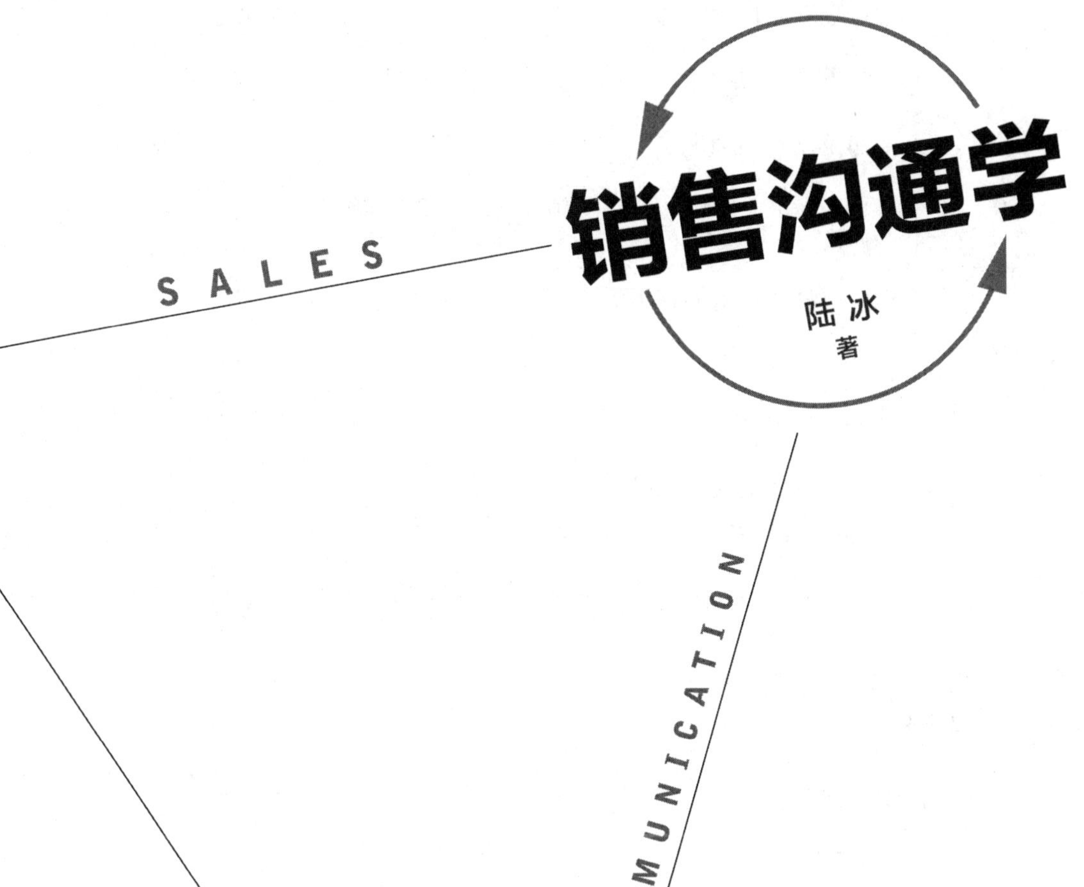


# 销售沟通学

陆冰 著

古吴轩出版社
中国·苏州

图书在版编目（CIP）数据

销售沟通学 / 陆冰著. — 苏州 ：古吴轩出版社，2018.12

ISBN 978-7-5546-1267-5

Ⅰ. ①销… Ⅱ. ①陆… Ⅲ. ①销售—基本知识 Ⅳ. ①F713.3

中国版本图书馆CIP数据核字（2018）第285191号

责任编辑：蒋丽华
见习编辑：顾　熙
策　　划：吴海燕
装帧设计：润和佳艺

书　　名：销售沟通学
著　　者：陆　冰
出版发行：古吴轩出版社
地址：苏州市十梓街458号　　邮编：215006
Http：//www.guwuxuancbs.com　　E-mail：gwxcbs@126.com
电话：0512-65233679　　传真：0512-65220750
出 版 人：钱经纬
印　　刷：大厂回族自治县彩虹印刷有限公司
开　　本：710×1000　1/16
印　　张：14
版　　次：2018年12月第1版　第1次印刷
书　　号：ISBN 978-7-5546-1267-5
定　　价：42.00元

我们知道，销售工作是一项成就自我、服务他人的伟大事业，世界上很多富翁都是从销售员一步一步做起的。同时，销售工作也是一份富有挑战性的工作。从事销售工作的人员都希望能在销售行业闯出一片天地，做出一番令自己满意的成绩，但这并非一件容易的事情，除了需要挖掘更好的渠道、寻找合适的平台之外，更重要的是要具有出色的沟通能力。

美国成功学家戴尔·卡耐基说："销售，是一门沟通的艺术，沟通贯穿于销售的始终，沟通的成败决定着销售的成败。掌握销售沟通术，让你洞察客户内心，赢得销售机会。"

由此可见，销售工作的首要任务就是沟通。如果没有沟通，产品就无法卖出去。从销售的过程来看，沟通贯穿于销售的整个过程之中，包括约见客户、与客户谈判和成交后的售后服务。

一项权威调查表明，在一些企业里，80%的业绩是由20%的销售员创造的，而这20%的销售员有一个共同点：洞察客户的心理，懂得和客户沟通的方法和技巧。

有一位著名学者说过："说话是容易的事，也是难的事。说它容易，因为三岁的孩子也会说话；说它难，因为擅长辞令的外交家也有说错话的时候。”

虽然销售员每天都在说话，但并不是每个销售员都会说话。一句恰到好处的话，能够使一单生意成交；一句不得体的话，也可以轻易毁掉即将成交的订单。销售员如果不能掌握与客户沟通的技巧和方法，就会给自己的销售工作带来很大的阻碍。

销售界有一句名言：“世界上没有卖不出去的产品，只有卖不出去产品的人。”如今，销售市场竞争日趋白热化，客户越来越挑剔，市场越来越狭小，但销售员要相信，只要客户有需求，就不会卖不出去。

因此，产品是否能卖出去，问题的关键不在于客户，而在于销售员是否找到了正确的推销方法，是否掌握了与客户正确沟通的方法。

作为销售员，我们都应该清楚沟通是维持与客户关系的重要纽带，也是决定销售能否成功的关键性因素。掌握好沟通技巧，对销售有很大的帮助。本书以沟通为基础，结合一些经典的销售案例，以通俗易懂的语言，为销售员提供了一套简单方便、行之有效的提升销售业绩的沟通方法。希望通过本书的学习，你可以从众多销售员中脱颖而出，成为一名销售高手。

## 第一章 销售就要会沟通：不会沟通，注定做不好销售



## 第二章 说好开场白：没有搞不定的客户，只有说不好的开场白

## 第六章 说好专业话：先做产品行家，后做产品卖家



## 第七章 说好赞美话：找准客户的软肋，对症下药



## 第八章 处理客户的异议：销售员这样说，客户才会买

# 第一章
# 销售就要会沟通

## 不会沟通，注定做不好销售

如何把产品卖出去，这是每一位销售员最关心的问题。销售员的工作性质决定了他们与客户接触多、联系多，因此，要做好销售工作，销售员就必须做到懂沟通、会沟通，然后针对不同的客户展开灵活、有效的销售策略。

## 沟通，从聊客户感兴趣的话题开始

和客户聊他感兴趣的话题，是一种“攻心为上”的销售技巧，这样可以消除客户的戒备和敌意，为谈话注入浓厚的人情味，使生意在一团和气中谈成。因此，在与客户进行沟通之前，销售人员花时间和精力去研究客户的爱好和兴趣等是十分必要的。

俗话说：“人上一百，形形色色。”面对不同的客户，销售人员必须与之聊不同的话题，并且谈论的话题必须是客户感兴趣的，这样才能激起客户的共鸣，客户才会愿意跟你交谈，进而对你产生信任感。

如果客户对你谈论的话题不感兴趣，不想听，你说得再多都是白费力气。正如卡耐基所说：“我喜欢吃草莓，但我不会在钓鱼的时候将草莓放在鱼钩上，因为鱼喜欢吃蚯蚓。”

因此，要想使客户对你产生信任感，把你当成自己人，你就一定要找到客户感兴趣的话题。在双方有共同兴趣、爱好的交谈中，才能产生情感上的共鸣。这个时候再来谈销售，结果自然是水到渠成。

孙先生是一家教育培训类杂志社广告部的推销员。汉龙公司是一家著名的培训集团，孙先生计划让汉龙公司成为自己的广告客户。于是，他给该公司的老板刘先生发了一条短信，说明自己的身份，并表示希望和他面谈。刘老板很快就回信息说："信息已收到。但是我不管广告事务，所以我不方便见你。"

孙先生当然不想放弃这个大客户，经过一番调查，孙先生了解到，刘老板主管着公司的所有事务，其中包括广告事务。于是，孙先生又给刘老板发了一条短信，问是否能去拜访他，跟他聊聊广告宣传方面的事。

刘老板很快就回复，称赞孙先生是一个坚持不懈的人，很欣赏他，并决定与他见上一面，但不能谈论在杂志上登广告的事情。

不能谈广告，那么谈点什么呢？孙先生决定更深入和全面地了解一下刘老板。他私底下打探了一下，终于发现了一条很有价值的信息：刘老板是一个篮球爱好者，还曾参加过省级业余篮球比赛。

得知这个重要信息后，孙先生感到胸有成竹了。孙先生设法弄到了一张将在下周举行的NBA篮球赛的门票，准备送给刘老板。

见面的时间到了。孙先生走进刘老板的办公室，彼此打完招呼后，刘老板立刻说："你喜欢打篮球吗？下周NBA篮球赛就要开始了，真是千载难逢的机会。不知预订门票的事情我的秘书办得怎么样了。"

孙先生高兴地说："我也喜欢打篮球，而且我这里还有一张门票。"说着，孙先生把门票递给了刘老板。

刘老板感到非常意外和惊喜，拿着门票说：“太感谢了！打篮球能够锻炼身体，你们杂志应该多介绍介绍，号召青少年多参加篮球之类的体育运动。”

“您的意见非常好。”孙先生告诉他，“从下期开始，我们杂志会开辟一个新的专栏，专门普及体育运动方面的知识，号召全民强身健体。”听到这些，刘老板笑着说道：“看样子，我现在找不出理由不让我们公司在贵社的杂志上刊登广告了。”

为什么孙先生能够拿下刘老板这个大客户的广告订单呢？因为刘老板喜欢篮球，孙先生就跟刘老板聊篮球。并且孙先生不仅仅是说，还去行动，送给刘老板期待已久的篮球比赛的门票，刘老板喜出望外，当然要在他的杂志上刊登广告了。

无数成功的推销实践证明：跟客户谈论其最感兴趣的、最喜欢的事情，成功就会离你越来越近。“客户喜欢什么，就跟他聊什么”，正是优秀销售员的成功法则之一。

那么，我们怎么知道客户喜欢什么，对哪些事情感兴趣呢？以下几个话题，往往是客户比较感兴趣的。

（1）谈论目前大家比较关心的焦点问题，比如房地产问题、交通拥堵问题等。

（2）谈论时事新闻，比如最近国内外发生的重大事件、新的政策等。

（3）提起客户的个人爱好，如体育运动、饮食爱好、休闲娱乐方式等。

（4）询问客户的孩子或父母最近的状况，比如孩子的教育情况、父母的身体状况等。

（5）和客户一起回忆往事，比如，提起客户的故乡或者令其印象深刻的往事，等等。

（6）谈论客户的健康情况，以及如何养生等问题。

总之，我们先要试探出客户喜欢哪些话题，然后就可以有针对性地和客户聊天了。因此，销售人员应事先对客户进行调查，充分了解其兴趣爱好。值得我们注意的是，当与客户聊他感兴趣的话题时，我们应时刻关注客户的面部表情变化，当发现客户感到厌烦、不自在时，我们要立刻停止交谈，或者换一个话题。

作为销售人员，我们平时应多培养一些兴趣，比如体育运动和一些积极的娱乐方式等。这样，在与客户沟通时你们就会有共同语言，避免沟通不畅，显得索然无味。

## 说话要好听，不该说的话不能说

从本质上说，销售工作就是通过说服客户来达成交易。对于销售人员来说，懂得说话的技巧是成功的资本。如果销售人员欠缺说话技巧，就无法与客户进行有效的沟通。

每一个做过销售的人都知道，是否懂得说话的技巧对销售业绩的好坏至关重要。从某方面来说，销售的核心智慧就是话术，尤其在一些意想不到的情况下，是否懂得说话的技巧，往往决定着销售的成败和订单的完成与否。请看下面一个案例。

有一个徒弟跟着师傅打制剪刀。经过一年的刻苦学习，徒弟学有所成，即将出师。师傅知道徒弟的手艺没问题，只是在与人交往、说话技巧方面还有所欠缺，平时徒弟只顾学艺，与人沟通的机会少，但今后要经常与客户打交道，说话缺乏技巧，再好的手艺也很难留住客户。因此，为了徒弟以后能独当一面，师傅便想在徒弟离开之前考一考他。

于是，师傅安排徒弟在一个月内为三位不同身份的客户各自打造了一把剪刀。剪刀打造完成后，等着客户上门取货。

一天，第一位客户来了，他是一位园艺修剪工，这位修剪工拿到剪刀后，不高兴地说："这把剪刀太重了，使用起来太费劲，我要退货！"徒弟听了之后，不知道如何应对。这一切师傅都看在眼里，他走过来对那位修剪工说："您身体强壮，使用重一点的剪刀才方便，干活更起劲！"修剪工听了之后，高兴地付了钱，然后带上剪刀离开了。

紧接着，第二位客户也来取剪刀，他是一位裁缝。他掂量着剪刀，很不满意地对徒弟说："你给我打的剪刀太小啦，我一天要剪好多布，恐怕一点劲儿都使不上啊！"

徒弟听了裁缝的话，一时不知如何回答。这时，师傅对裁缝说："这把剪刀很锋利，肯定好用，如果打造得太大了，您使用起来容易手指发酸。"裁缝连连点头，然后把钱付了，带上剪刀离开了。

大约过了10分钟，第三位客户也来取剪刀了。她是一位家庭主妇，她看了剪刀后，立刻皱起了眉头说："剪刀这么快就打好啦？不会是偷工减料了吧？"

听到客户的话，徒弟急得满脸通红。这时，师傅又上前来解围道："我们是怕您急着要啊！这把剪刀可是我这徒弟连夜打造出来的，质量绝对没问题！"家庭主妇一听这话，瞬间转怒为喜。

案例中的徒弟打造剪刀的技艺不错，但是，与客户打交道的能力需要提高。如果不是师傅出来解围，恐怕这三桩生意全都会丢掉。

一名销售人员如果不会根据不同的客户说出恰当的话，就很容易白白丢掉订单，导致劳而无功。所以说，面对不同的客户懂得随机应变，是每一位销售人员的必备能力。

归根结底，打开销售的第一步就是说话。销售人员话要说得巧，说到点子上，说到客户的心坎里，满足客户的心理需求，语言才能成为销售员与客户之间的桥梁，为他们之间的顺利沟通做好铺垫。

销售人员要管好自己的嘴，知道什么话该说，什么话不该说。

**1. 激烈争辩，招致客户反感**

有些销售人员会为了一件小事与客户发生激烈的争论，把客户驳得哑口无言、无地自容。其实，你与客户争辩解决不了任何问题，反而会招致客户的反感，即使你在争论中赢得了胜利，但是你失去了客户，丢掉了生意。

**2. 无理质问，伤害客户的感情和自尊心**

一些销售人员强求客户购买自己的产品，如果客户无意购买，就用质问的语气与客户谈话。其实，这是不懂礼貌、不尊重人的表现，是最伤害客户的感情和自尊心的。

**3. 说话直白，让客户感到难堪**

有些销售人员在与客户谈话时，如果发现客户在认识上有不妥的地方，会直截了当地指出来，这样做会让客户很难堪，尤其是在众人面前。

因此，与客户说话不要太直白，而要委婉含蓄点。

4. 态度冷淡，让客户感受不到热情

有些销售人员在与客户谈话时，态度冷漠，面无表情，使客户无法感受到热情。冷淡的表情必然带来冷场，冷场必定会使订单丢失。因此，我们与客户谈话时，态度一定要热情，言谈举止要流露出真情实感、诚心诚意。

“语言是技能，而不是知识。”说话技巧不是天生就拥有的，它是靠后天刻苦训练得来的。对于销售人员来说，只有充分了解自己的产品，把握好客户的心理，运用合理的技巧，不断地在实战中锻炼，才能逐渐提高自己的说话能力。

## 沟通的话不在多，关键在于说到点子上

话不在多，点到就行。说话看似不难，但要说到点子上确实要下点功夫。有些销售人员不重视说话的艺术，结果啰里啰唆、语无伦次，让客户不明就里，自然无法拿下订单。相反，那些重视说话技巧，把话说到点子上的销售人员，往往销售业绩都比较突出。

一名优秀的销售员，懂得用最简单的语言在最短的时间内把话说到点子上。这是一名销售员最基本的素质，也是业绩不断提升的关键。沟通时话不在多，关键在于说到点子上，说到客户心里去。有时候，话说得太多，反而会弄巧成拙，引起客户的反感。

有一次，马克·吐温去听牧师演讲。开始的时候，他觉得牧师的演讲非常精彩，对牧师所讲的内容也感同身受，于是他准备之后把身上带的所

有钱都捐献出去。

可是，一炷香的工夫过去了，牧师的演讲还没有结束，这时马克·吐温已经感到有些厌烦了，他决定只把零钱捐出去。

很快，半炷香的工夫又过去了，那位牧师的演讲还没有结束，他仍在讲个不停，有些人都离开了。马克·吐温非常生气，觉得这简直是在浪费他的时间，便决定一分钱也不捐献了。

终于，牧师的演讲结束了，马克·吐温没有捐献一分钱，临走时还从捐款的盘子里拿了两元钱作为浪费自己时间的补偿。

从上面的案例中可以看出，说话不在于多，而在于有的放矢、突出重点，这样才能达到预想的效果。

话不在多，关键是要把话说到点子上。如果销售员能把话说到点子上，就能轻而易举地打动客户；如果不能把话说到点子上，销售员说得再多也是白费口舌，浪费时间和精力。

所以，销售员在不同的场合与不同的客户交谈时，应恰当地运用各种说话技巧，在最短的时间内引起客户的兴趣，打动客户，这样你才能应对自如，巧妙地把话说到点子上。

那么，具体该如何做呢？可以从以下两点着手。

### 1. 做好准备，理清头绪

销售员要想清楚地向客户表达自己的观点，在与客户交流之前，就要做好准备工作，把要说的话理出头绪。如果要用真实事例来证明自己的观点，也要讲究语言简明扼要，切忌画蛇添足。

### 2. 介绍产品，抓住侧重点

销售员在向客户介绍产品时，如果产品的信息较多，可以先强调重点，然后根据情况把重要的信息分成几次陈述，保证客户能准确理解所讲述的内容。

与客户交谈时，销售员要做到语言简洁有力、条理清晰。因此，在开口之前首先要理清自己的思路，否则会让客户觉得你语无伦次、废话连篇，甚至会令客户对你产生厌烦情绪，不想跟你交谈。

## 沟通分场合，什么场合说什么话

在销售过程中，销售员面对不同的场合、不同的客户时，说话的方式和内容也要有所变化，这样才能取到最佳的沟通效果。

俗话说得好："到什么山唱什么歌。"销售员与客户沟通也是这样。一般来说，沟通要讲究场合，有的话在这个场合能说，在另一个场合却不能说。

通常来讲，场合可分为正式场合和非正式场合，喜庆场合和悲伤场合，等等。这就要求销售员要针对不同的场合、不同的客户，说合适的话。

在现实生活中，如果你不顾场合乱说话，就会招人厌烦。

小王和小孙是好朋友，在一起时总喜欢开开玩笑。有一次，小孙生病住院了，小王去看望他，一见面就说："平时，我去体育场锻炼身体，总喊你一起过去，可你总是找借口不去。不锻炼身体肯定不好，我看这次你真的挺不过去了！”话音刚落，小孙脸色煞白，生气地说：“你说什么呢！”小王讪讪地离开医院。从这以后，小孙见到小王就像见到陌生人一样，一句话也不说。

小王虽然和小孙是好朋友，在说那番话时也并无恶意，只是想让小孙认识到锻炼身体的重要性，可是在小孙病床前说那样的晦气话，就不免让小孙觉得刺耳。

可见，不善于与他人沟通，不注意说话场合的人，必然会得罪人。结果，没事也能变有事，小事也能变大事。不分场合地说话，既伤人又害己。

可见，同样的事情，由于场合的不同，跟他人说话的方式也应不同。只有根据场合，选择最恰当的语言，才能准确地表达自己的想法。

生活是这样，销售工作也是如此。在销售过程中，在什么场合说什么话也十分重要。有时候，一句很平常的话，因为说的时候没注意场合，就可能导致与订单失之交臂。

有一家煤矿公司，规模颇大，需要引进一批采煤机器，投标者众多。赵先生所在的公司也去投标，没想到被选中了。采购人员与赵先生进一步洽谈有关事宜。不料，在满怀喜悦之余，赵先生问了一句不应该问的话：“您看，马上就到春节了，我能否春节之后再供货？”结果，采购人员终止了与赵先生的合作。

赵先生一头雾水，要求给个说法，采购人员明确地告诉赵先生：“我们公司永远不会和在不恰当的场合说不恰当的话的人合作。”

虽然这家公司的做法有些轻率，但留给赵先生的教训则是，在不恰当的场合，说一句不恰当的话也会导致即将到手的订单丢掉！

在销售过程中，不看场合，不注意分寸，一味地随心所欲、口无遮拦，这是与客户沟通的大忌。沟通分场合，在什么场合说什么话，这是每一个销售员都应该学会的销售技巧。那么，销售员在不同的场合分别该说什么话呢？

### 1. 公众场合给客户留面子

俗话说："打人不打脸，骂人不揭短。"特别是在公众场合，我们揭客户的短不仅会损害客户的公众形象，还会让客户心理失衡，对你产生厌恶情绪。因此，在公众场合要多一些理解和宽容，多给客户面子。

### 2. 悲喜场合，要把握尺度

一般来说，销售员说的话应与当下的气氛相协调。在客户高兴的时候，千万不要说悲伤的话；在客户情绪不好的时候，千万不要说逗乐的话。销售员要针对不同场合、不同客户，选用最得体、最恰当的语言来表情达意，力争获得最佳的沟通效果。

我们在与客户的交流中，有些话只能在某些特定场合说，换一个场合也许就会适得其反。因此，说什么，怎么说，一定要顾及场合，这样才有利于你与客户之间的沟通。

## 善用策略，沟通要讲究方法

沟通，犹如流淌的河水。如果沟通顺畅，河水自由流淌；如果沟通不畅，河水就会处处受阻。所以，销售员必须懂得一定的沟通方法和策略。

沟通是工作和生活中都必不可少的一部分。增强沟通能力，可以极大地提高工作效率，但是这一点往往被大多数销售员忽略。沟通不善会导致客户流失，订单泡汤。要想有效地沟通，我们需要了解几个基本的沟通方法，并把这些方法用在与客户的交流当中。

一次，某公司新来一个促销员。

一天，这个促销员去拜访一位客户，他问客户："您好，请问什么时候讨论我们的产品啊？"

客户说："要下个月。"

促销员不耐烦地说："这么久啊，能不能这个月就讨论呢？"

客户生气地回答道："这是我们自己的事情，我们愿意什么时候讨论就什么时候讨论！"

促销员不甘示弱，故意说道："某某客户已经与我们合作了，你们也应该与我们合作。"

谁知客户也不让步，骄傲地说："某某客户是个小公司，我们是大公司，请你不要拿小公司与我们做比较！"

对于绝大多数促销员来说，与客户沟通是最基本的事情。但上述案例中的促销员在与客户交谈的过程中所表现出来的幼稚让人无法理解。这哪里是在与客户交流和沟通，分明是在与客户吵架和抬杠，这样的沟通无疑是失败的。

在销售沟通的过程中，一旦我们与客户在沟通时出现争执，那么想要再次良好沟通就很困难了。因此，销售员应当掌握一定的沟通技巧，这样才能避免尴尬的发生。比如以下几种沟通技巧：

### 1. 保持眼神的交流

每一位销售员都应该知道，与客户谈话时要看着客户的眼睛，这样既是对客户的尊重，又能吸引客户的注意力，使其融入交谈之中。

### 2. 口齿清晰

销售员清晰的发音会使信息的传达更加有效。这方面需要销售员加以重视，平时多练习。

3. 肢体语言也很重要

肢体语言是无声的语言，有效的沟通需要肢体的完美配合。如何练习自己的肢体语言呢？销售员平时应对着镜子练习，久而久之，肢体语言就自然得体了。

4. 沟通时放低姿态

我们在与客户沟通的时候，要尽量放低姿态，尊重客户的意见，适当地表达自己的意见和主张。即使客户的意见与我们的相左，我们也应当耐心倾听。

5. 不要感情用事

在沟通的过程中，就算我们心情烦躁，注意力无法集中，也应保持平常心，不应感情用事。如果真的无法控制情绪，那么不妨暂时停止沟通，等心情平复后再继续沟通。

6. 与客户坦诚相待

我们在与客户沟通时，应坦诚相待，不要有所隐瞒。只有我们坦诚了，客户才会信任我们，才会相信我们所说的话，沟通才能顺利进行。

与客户沟通，要说该说的话，不该说的话不要说。所以，我们与客户交谈时不能信口雌黄、口无遮拦，而要深思熟虑后再开口。

## 知晓客户的心理，把话说到客户心里去

想钓鱼，就要先知道鱼吃什么鱼饵。同样，我们想吸引客户，就一定要知晓客户心里在想什么，目前最需要什么。这样，我们在与客户说话时才能有的放矢，把话说到客户的心坎上。

同样都是销售员，为什么有的销售员业绩惨淡，有的却是销售精英？为什么有的销售员经常被客户拒之门外，有的却能与客户成为好朋友？这其中的区别在于沟通力！销售员只有把话说到客户心里去，客户才会与之畅快沟通，才有达成交易的可能。

从前，有一位小伙子拿了三幅名画到市场上去卖，恰好被一位画商看中了。这位画商认为这三幅画都是珍品，有一定的收藏价值，如果买下这三幅画，等涨价了，就能赚一大笔钱。于是，他问那位小伙子："小伙子，

你的画不错，如果我要买，多少钱一幅？”

“你是三幅都要呢，还是只买一幅呢？”小伙子问。

“三幅都买是什么价格？只买一幅又是什么价格？”画商开始打如意算盘：先和小伙子商定一幅画的价格，然后，按多买少算的原则，把其他两幅一块买下，那样肯定能占点儿便宜。

小伙子并没有直接回答他的问题，只是略显难色。画商却沉不住气了，说：“那你开个价，一幅要多少钱？”

小伙子是一位精明的生意人，他知道这些画的价值，于是装作漫不经心的样子回答说：“先生，如果您真心诚意地想买画，就三幅一万元吧！这很便宜的！”

画商也是聪明人，给出很低的价格，一元钱他也不想多出，于是，两个人开始讨价还价，谈判陷入了僵局。

这时，只见那位小伙子拿起一幅画，二话不说就把画烧了。

画商十分吃惊，他从来没有遇到过这样的卖家，对于烧掉的一幅画他感到既惋惜又心痛。于是，他小心翼翼地问小伙子剩下的两幅画卖多少钱。

想不到小伙子的态度更强硬了，两幅画少于一万元不卖。

画商觉得太亏了——三幅画一万元，少了一幅画，还要一万元。于是，商人强忍着怨气仍然拒绝，要求再便宜点儿。

没想到，小伙子竟然又拿起一幅画烧了。这时，画商惊呆了，只好乞求小伙子不要把最后一幅画也烧掉，因为他太喜欢这幅画了。接着他又问这最后一幅画多少钱。

想不到小伙子开口还是一万元。画商一听急了，大叫道：“三幅画与一幅画的价格怎么能一样呢？你这不是存心戏弄人吗？”

小伙子见这位画商还想讨价还价，于是便说：“这三幅画出自知名画家之手，他一生留下的画作只有十幅左右。刚才又少了两幅，剩下这一幅，可以说是稀世珍宝。它的价值已经大大超过了以前的价值了。所以现在一万元我也不卖了，最低得出价一万两千元。不然，我还会烧掉它！”

这下，画商急了，生怕小伙子把第三幅画也烧掉。他连忙按着画说：“一万两千元，我买了！”

后来，有人问小伙子，为什么要当着画商的面把前两幅画烧掉呢？小伙子说：“物以稀为贵。画商都喜欢收藏古玩字画。他若是看上了，是不会轻易放弃的，肯定会出高价买下。而且我从那位商人的眼神中看出，他已经看上了我的画。所以我当着他的面烧掉两幅画，留下一幅卖高价呀！”

从这个故事中，我们可以看出这位小伙子的精明之处，他看透了画商心里在想什么，最需要的是什么，于是他采用物以稀为贵的销售方式，并且语气强硬，句句直戳画商的心窝，使得画商处处被动，无招架之力。画商聪明反被聪明误，最后只好以更高的价格买下了画，而且只买到一幅画。

因此，作为销售人员，在与客户的谈判过程中，要抓住客户的心理，把话说到客户的心里去，这样沟通才会事半功倍。这时，你再采取一些有效的销售策略。如，说某种商品供应比较紧张，不能保证一直有货，就会促使客户及早购买。

赵先生是一位非常优秀的销售员，他先后销售过十几种产品。虽然面对的客户千差万别，但在销售产品时，他总是能够巧妙地促使客户尽快做出决定。下面看看他是怎样跟客户沟通的吧。

“先生，这件工艺品我们公司总共才生产了五百套。在上市前，就已经有很多客户预订了，现在剩下的不多了。我很有幸向您介绍这件工艺品。您可以考虑一下自己到底需不需要。如果真的需要，只要您给一个合适的价格，我就把产品卖给您。否则，过了这个村就没这个店，以后想买都买不到了！”

“先生，拥有这种引擎的老爷车在本地绝对不会超过十辆，并且工厂里已经不再生产了。如果错过了这次机会，以后想买，恐怕也买不到了。”

“小姐，您或许应该考虑多买一些，因为最近这款商品卖得特别好，工厂仓库的存货已经不多了，我不敢向您保证您下次再来的时候还会有货。”

“这种厨具只剩下两套了，而另一套是大红色的，不是很适合您，您是肯定不会选择的，我觉得这套非您莫属。”

这样的沟通无疑是非常有效的，尤其是在客户很需要这件产品的情况下，效果非常明显。这些话正中客户下怀，使得客户产生如果现在不购买，再想买就买不到了的想法。于是客户果断地做出选择，快速成交。这就是赵先生的成功之处。

从赵先生的销售方式可以看出，当销售人员发现客户对某种商品很感兴趣时，如果能够对其进行巧妙地引导，说些直抵客户内心的话，如：“这款商品今天卖出了几十套，只剩下最后一套了，机不可失，如果你错过了，就需要等到下个月才有货了。”“今天是本店打折的最后一天，请把握机会，明天就恢复原价了。”当客户听到这些直戳心窝的话时，一般都会迅速地做出购买的决定。

在销售过程中，销售人员只要抓住机会，巧妙地营造产品畅销的氛围，再把话说到客户心里去，往往很容易就能引导客户迅速签单。

### 1. 要让客户切实感觉到是最后的机会

作为销售人员，无论销售的产品是否是绝无仅有的，要想争取到订单，就应该让客户切实感觉到这是最后的购买机会。只有这样，才能促使客户尽快做出购买决定，迅速签单。

### 2. 要把握准客户的心理

如果客户对产品的兴趣并不大，那么采用这种技巧显然是无效的。因为即使真的是最后的机会，买与不买对客户的影响也不会太大。所以，销售人员只有在客户对产品有浓厚兴趣、志在必得时，才能运用这种“最后机会成交法”。

作为一名出色的销售人员，要善于分析客户的购买动机和心理，把话说到客户心里去。优秀的销售员都知道，能说不代表成功，懂得如何把话说到客户心里去，才是关键。

## 销售不仅要拼技巧，更要懂得沟通

销售人员每天都要与客户打交道。销售人员的工作性质决定了其要与客户密切接触。想要成为一个优秀的销售员，就必须具备良好的沟通能力，能够和客户进行有效的沟通。拥有良好的沟通能力，是创造优秀业绩的根本。

与客户打交道，与客户沟通，是销售人员每天都要做的事情。销售过程是一个双方沟通的过程，而语言作为沟通的桥梁，在销售过程中起着重要的作用。成功的销售离不开有效的沟通，可以说优秀的销售员都是出色的沟通者。

销售沟通的过程是销售人员与客户之间的双向互动过程。从严格意义上来说，所谓销售沟通，就是指使用语言、文字、符号或手势、表情等表现形式，对产品或服务的销售进行解释、说明或演示，以促使沟通双方对沟通的内容拥有共同的理解、认识的过程。

沟通既可以让销售人员全面了解客户当下的需要，又能让销售人员发掘客户潜在的需要。更重要的是，沟通还能让销售人员与客户之间建立起信任关系，从而为建立长期合作关系打下坚实的基础。

当销售员与客户进行沟通时，应该加强彼此之间的信任。因为在彼此之间的信任感建立起来后再进行沟通时，双方就会感觉比较顺畅，对于销售人员来说，这样更有利于了解客户的需要，这样，销售员为客户解决问题才有针对性。

马先生是一名刚入职的电话业务员，负责照明灯具的推销工作。

一天，他打电话给一位陌生人："您好，请问您是刘先生吧。我是蓝天灯具公司的业务代表，我姓马。我这次打电话的目的是想向您介绍一下我们公司的产品……"

马先生的话还没有说完，只听电话那头的刘先生直截了当地说："不好意思，我对灯具不感兴趣，我正在开会，不方便接电话，就这样吧！"说完，刘先生挂断了电话。

马先生无奈地叹了口气，对同事胡先生说："小胡，你帮我分析一下，为什么每次打电话给客户，我只说了两三句话，客户就把我的电话挂断了？"

胡先生说道："你知道为什么客户挂你的电话吗？因为你没有跟客户讲最重要的一件事——与客户见面。而且你一开口就向客户介绍产品，给客户一种你在刻意推销的感觉。"

马先生说："那我该怎么说呢？"

胡先生拿过电话，对马先生说："你看我是怎么做的。"

胡先生拨通了刘先生的电话号码："您好，请问是刘先生吧？我姓胡，咱们从来没有见过面，不过我想和您聊一分钟，可以吗？"

刘先生回答说："不好意思，我正在开会。"

胡先生立即说："非常抱歉，刘先生，打扰您了，请问我一个小时后再给您打电话可以吗？"

刘先生回答说："可以。"

一个小时后，胡先生再次拨通了刘先生的电话，说："刘先生，您好！我是一个小时前给您打电话的胡先生，请问您现在方便接电话吗？"

刘先生好奇地问："你是做什么的？为什么给我打电话？"

胡先生回答说："我是蓝天灯具公司的业务代表，专门为中小型公司做一些照明灯具的设计和安装工作。"

刘先生回答说："可是我对你们公司不熟悉，不敢直接和你们做生意啊！"

胡先生回答说："刘先生，我给您打电话的目的是想给您提供一些我们公司产品的资料，您可以先看看。如果您暂时不需要我们的产品也没关系，如果今后有需要，记得想到我哟。"

电话那头的刘先生笑起来，说："好呀！"

胡先生也笑着说："生意不成仁义在嘛！我这几天刚好在外面跑业务，如果您有时间的话，我明天给您送过去，您看如何？"

刘先生爽快地回答说："好的，就这样定了。那就明天下午一点给我送来吧！"

胡先生说："好的，那就明天下午一点见！再见，刘先生！"

胡先生放下电话后，马先生对胡先生佩服得五体投地。

通过以上案例可以看出，沟通在销售中具有重要的作用，通过沟通，客户对销售人员产生了信任感。有了信任感，沟通顺畅了，销售就成功了一半。案例中的业务员胡先生在与客户刘先生的沟通中，使得客户刘先生对他产生了信任感，得到了见面的机会，为下一步推销产品做好了铺垫。而马先生沟通失败，失去了再次推销的机会。

沟通是一门艺术，生活中处处需要沟通与交流，只有沟通好了才能把事情处理好。销售也是如此，只有不断地沟通，才能达到双赢的局面。那么如何才能与客户更好地沟通呢？以下几个技巧需要注意。

### 1. 说话口齿清晰，音量适中

说话口齿清晰是一个业务员良好气质的表现，可以体现出业务员的自信，展现出个人魅力。并且说话音量适中、语调温和，还能让客户心平气和地听你介绍，避免因大声喧哗而令客户反感。

### 2. 语言通俗易懂，简明扼要

在推销产品时，销售员使用的语言应简单明了、通俗易懂，这样客户才容易接受和了解产品。有些销售员在介绍产品的过程中使用大量的专业术语，客户听得云里雾里，自然降低了对产品的兴趣。

### 3. 替客户着想，站在客户的立场上说话

一名优秀的销售员，总是先考虑客户的需求，因为你不仅仅是卖给客户产品，更重要的是卖给客户需求。销售员是在帮助客户解决问题，满足客户的需求，在这种情况下，为客户着想，为客户说话，你才能够得到客

户的欣赏，受到客户的欢迎。

#### 4. 不应随意夸大产品的性能和优点

在与客户的沟通过程中，有些销售人员为了快点成交，就随意夸大产品的性能和优点，对缺点一句带过，甚至不提缺点。这样夸大其词的做法，一旦被客户识破，不仅会让客户反感，还会对公司甚至品牌口碑造成难以逆转的影响。因此，销售员理应站在客观的角度，清晰地向客户分析产品的优与劣，让客户接受你的产品，而不能采取任何夸大其词或欺骗的做法。

#### 5. 不要说负面的话

每个人都不愿意被拒绝，不喜欢被拒绝的感觉。因此在销售沟通过程中，销售人员要多给客户肯定的回答，尽量不要说否定或者负面的话。即使客户提出的要求无法实现，也要先肯定答复，然后附上条件，这样做能使客户更加容易接受。比如你可以说：“可以的，不过这样做可能会……”

沟通要有艺术，说话要有技巧。与客户交流时，销售人员要知道什么样的说话方式不受客户欢迎，甚至会得罪客户，并注意用恰当的方式与客户交流，把该说的话说好，说到客户心里去。

# 第二章 说好开场白

## 没有搞不定的客户，只有说不好的开场白

销售员与客户初次见面时的开场白至关重要。研究表明，客户在与销售员刚接触的30秒内对销售员的印象一般比之后10分钟里对销售员的印象要深刻得多。所以，销售员与客户进行交谈时需要运用有效的开场白，成功引起客户的兴趣。

## 第一句话就能抓住客户的心，一开口就能吸引人

和客户初次见面，销售员的一言一行都会影响客户的购买决定，因而销售员的开场白就显得尤为重要。如果销售员一开口就能吸引住客户，抓住客户的心，那接下来的交谈就会顺利得多。反之，即使你费再多的口舌也很难说服客户。

万事开头难，拜访客户的开场白是许多销售员认为最难的，尤其是见陌生的客户，说不好开场白，很容易被客户直接拒绝。那么销售员如何说好开场白呢？

伟大的文学家高尔基说过："最难的是开场白，就是第一句话，如同音乐一样，全曲的音调都是由它来决定的，一般要花较长的时间去寻找。"

研究销售心理学的相关人士认为，与客户刚接触的30秒，是吸引客户注意力的最佳时机，销售员如果能在这30秒内吸引客户的注意力，那么后

续的销售工作就容易了。

因此，在你与客户刚接触的30秒内，你说话的内容就已经决定了客户是否会继续听你说下去。只有用有效的开场白吸引客户的注意，刺激客户的兴趣点，才能使客户对产品产生购买的欲望，最后达成交易。

每一位优秀的销售员都应掌握一定的开场技巧，说好开场白，在30秒内抓住客户的心。

张先生是一名从事厨房家电销售工作的推销员。他负责推销一款价值1000元左右的电饭煲。

一次，他登门向一位客户推销电饭煲，客户立刻拒绝了他："这么贵的电饭煲，我是不会买的。"

张先生并没有放弃，而是对客户说："看在我向您介绍产品的分上，能否给我一元钱。"客户有些吃惊，但还是给了张先生一元钱。

第二天，张先生依旧来到这位客户家。客户开门后，张先生又要求客户给他一元钱，并问道："您为什么不心疼这一元钱呢？"

客户很自然地回答道："一元钱对我来说微不足道。"

张先生说："一元钱也有它的价值，它和100元是没有区别的。"

张先生继续解释道："您结婚已经10年了吧？如果这10年，您使用我们公司的电饭煲做饭，每天就可以节省一元钱，一年365元，10年就是3650元。您今天还是没有用它，所以等于又失去了一元钱。"

这位客户被张先生说服了，立即购买了张先生推销的电饭煲。

从上面的这个推销案例可以看出，推销员要掌握一定的开场技巧，引

起客户的兴趣，然后彻底说服客户，使其心甘情愿地购买。

当我们接触客户的时候，客户总是会有很多借口，导致我们的销售很艰辛。而抓住客户的心，一开口就吸引住客户，则有助于我们顺利销售。

不过，一些销售员在拜访客户时并不懂得怎样开场，结果开场白往往没有任何吸引力，销售只得以失败告终。这更加表明具有吸引力的开场白有多么重要。既然如此，我们怎样才能设计出具有吸引力的开场白呢？可以尝试以下几种方式。

#### 1. 利益诱惑式开场白

每个客户都希望从购买的产品中获得利益，所以销售员可以一开始就将产品能带给客户的利益说出来，如："刘老板，如果用我们的产品，可以让贵公司节省一半电费。""谢厂长，您想每年在服装生产上节约20万元吗？"

#### 2. 赞美式开场白

人人都喜欢听他人的赞美，客户也是如此。所以销售员可以用几句赞美作为开场白，这样既能让客户感到满意，又避免了初次见面带来的尴尬。比如，销售员可以对客户说："胡总，我在报纸上看到您当选我市十大杰出企业家，真是一件大喜事，恭喜您了！"

#### 3. 提问式开场白

销售员可以直接向客户提出问题，以引起客户的注意和兴趣。如："张厂长，您认为提高贵厂产品质量的关键技术是什么？"在运用这一技巧时应注意，销售员所提问题应是对方最关心的问题，提问必须明确具体，不可模棱两可，否则很难引起客户的注意。

4. 悬念式开场白

利用悬念制造开场白，主要是为了引起客户的好奇心。如某地毯销售员对客户说："每天仅花一角六分钱就可以使您的卧室铺上地毯。"销售员先制造神秘气氛，引起对方的好奇，然后在解答疑问时，自然而然地把产品介绍给客户。

一般来说，销售员拜访客户的成败在很大程度上取决于开场白的好坏。不少销售员在拜访客户时喜欢与客户闲聊，东扯西拉，不着正题。虽然在洽谈之初说点寒暄的话也可以，但不宜太多，否则不仅浪费了客户的时间，还会使客户产生不耐烦的情绪。

## 适当来点幽默，客户笑了，事情就好办了

销售员与客户交谈之前，开场白不可避免。开场白说得好坏，几乎可以影响到交易的成败。如果在开场白中适当来点幽默，就会使气氛变得轻松愉快，充满人情味。客户笑了，事情就好办了。

在销售的过程中，客户往往对交易本身充满戒备，假如此时销售员可以适时来点幽默，就能消除客户的戒备心理，使销售变得轻松。因此，幽默的销售员更能受到客户的欢迎，赢得客户的信任，并达成交易。

著名心理学家弗洛伊德曾说："笑能给予我们精神快感，它可以把一个充满能量和紧张度的有意识过程转化为一个轻松的无意识过程。"与客户沟通时，销售员要善用幽默，因为幽默既可以消除客户的戒备心理，又可以拉近销售员与客户之间的距离。

一般来说，具有幽默感的销售员，人缘都比较好，在交谈中会不知不

觉地缩短人际交往的距离，赢得客户的好感和信赖。一位优秀的销售员，一定能够将幽默的艺术融入销售之道，用幽默化解与客户之间的矛盾。

下面这个案例中的销售员，就是在开场白中恰到好处地运用幽默，使自己避免了尴尬，拉近了与客户之间的距离。

刘先生是一家保险公司的业务员，因为他很有幽默感，深得客户喜爱，所以他在公司中的业绩一直遥遥领先，让同事们羡慕不已。

有一次，刘先生去客户家里拜访客户，谈投保的事情。之前他们在电话里沟通了好几次，这是第一次见面。

他们见面后先是互相寒暄了几句，然后客户说："基本情况我已了解，我考虑一下再说吧。"刘先生当然明白这是客户的婉转拒绝。

但是，刘先生不想错过任何机会，于是笑着说道："好的，您慢慢考虑，反正我最近比较闲，就每天在你家门口等着，帮你家看门。"

客户一听乐了："呵呵！刘先生，你别开玩笑了，我哪敢请你帮我看门啊。"

刘先生接着说："哈哈，言归正传吧。早点给您的孩子投保，就能早点有一道保障，何况现在还有优惠，您还犹豫什么呢？"

客户笑笑说："刘先生，你说得确实没错，我也想给孩子一个好的保障，但这样重大的事情我得与我的太太商量商量，是吧？"

刘先生附和着说："那是当然，看得出来您非常爱您的太太。如果您今天做了这个决定，您的太太一定会非常高兴的。这类保险不仅保障了您孩子的健康，还帮助您储蓄分红。将来您退休了，就可以通过分红获利，让

幸福的晚年多一份收入，这是两全其美的事情啊！”

客户笑着说：“呵呵，你说得一点没错，可万一我的太太怪我怎么办？”

刘先生也笑着说：“相信您的太太一定是个非常通情达理的人，万一她真的生气了，那就让她骂我好了。”

客户被刘先生幽默的话弄得哭笑不得，最后爽快地签单了。

在这个案例中，客户刚开始是拒绝投保的，但是刘先生没有放弃，他用幽默的语言瞬间拉近了与客户之间的距离。客户被刘先生风趣幽默的语言逗笑，而后在愉快的气氛中交谈，最后顺利成交。

在销售过程中，开场白起着很重要的作用，尤其是第一次和客户见面时，彼此不熟悉，容易出现冷场的局面。这时，一个小小的幽默，往往能发挥出意想不到的效果，能够化解冷场和尴尬。如果你的幽默能让客户开怀大笑，你就能赢得客户。

因此，作为销售员，我们必须要懂得幽默，在与客户沟通不畅、面谈不顺时，适时切入幽默的言谈举动，这有助于缓和尴尬的气氛，使沟通得以顺利进行下去。

那么，运用幽默有哪些注意事项呢？

### 1. 幽默时要面带微笑

销售员在说幽默的话语时，一定要保持微笑。如果在幽默的时候还一本正经地绷着脸，本来很有趣、很好玩的话，也会使气氛变得尴尬，反而会破坏销售员和客户之间的关系。

### 2. 运用幽默前了解客户的喜好

当你打算运用幽默的语言时，最好先了解一下客户是否喜欢幽默。如果客户是一个一本正经的人，就不要运用幽默了。同时，要找准话题，以免造成冷场和尴尬。

### 3. 幽默要适度，把握分寸

在开场白中，如果销售员能在与客户的谈话中适当来点幽默，那么就能迅速降低客户对销售员的敌意，让客户产生好感。但是，幽默要适度，把握好分寸，否则会给客户留下轻浮、不可靠的坏印象。

### 4. 幽默素材靠平时积累

销售员要想具备幽默感，平时就要多看一些相声、小品和喜剧，随时随地注意收集笑话故事。积累多了，你将拥有大量的幽默素材，在需要运用的时候就能派上用场了。

以幽默开场不失为一个好的开场方式，当你学会了幽默开场时，还怕客户拒绝你吗？

如果你能够让客户笑，那你就能够让他们买。在使用幽默的方式沟通时，销售员一定要注意把握幽默的尺度，幽默的取材要高雅、清新，切忌粗俗下流。

## 聊些家长里短，客户也是普通人

和客户聊聊家长里短，可以在极短的时间内拉近和客户之间的心理距离，使陌生人变成熟人，进而发展成朋友。这样就相当于瓦解了客户的第一道心理防线——不信任。

我们先来看一个案例。

孙先生是一家茶叶店的老板。

一天，一位陌生的客户来到店铺买茶叶。

“老板，给我来一罐新茶。”客户站在柜台前说。

“好的，请稍等！”孙先生立即站起来，去柜台里拿了一罐新茶递给这位客户。因为孙先生打了广告，凡是买一罐新茶的客户均有一套茶杯相送，所以最近买新茶的人特别多。

客户拿着茶叶准备离开，孙先生急忙对客户说："这位先生，买茶叶有一套茶杯赠送，您要不要啊？"

"哦，茶杯啊，您拿来给我看看。"原来这位客户根本就不知道还有赠品。

孙先生拿了一套茶杯递给了那位客户。

"我还真不知道还有茶杯赠送。这样吧，就冲您的诚意，我再买一罐。"客户一边拿着茶杯一边高兴地说。

孙先生的店铺开在火车站附近，在店里消费的客户多半是外地人，于是孙先生试探着问："先生，听您的口音，您不是我们本地人吧？"

"是啊，我第一次来你们这儿，是来拜访一个朋友的，这个朋友就在对面的旅店。"通过与客户的对话，孙先生得知他是对面旅店老板的朋友。

孙先生一听是熟人的朋友，于是聊起了家常："旅店老板是南京人，我母亲也是南京人。"

听了这话，客户惊喜地说："是吗？这么巧，您与旅店老板很熟悉？"

"那当然，旅店老板人很好，经常来我这儿玩。"

听孙先生这么说，客户问孙先生："我是第一次来他这里，我需要带点什么礼物过去呢？"

"我建议您买套高档茶具作为礼物。您那朋友很喜欢喝茶，而且听说最近想换套茶具。"孙先生说。

"可以，那就在您这里选一套吧！想不到您对我朋友的喜好挺了解的啊！"客户哈哈大笑起来。

当客户离开后，孙先生想，今天的这笔生意，如果按照平时的做法，客户买茶走人，那么这笔生意也就赚了一罐茶的利润而已，但是与客户拉拉家常，利润就增加了。可见，有时候与陌生客户拉家常能够拉近彼此之间的距离，做生意也就变得容易多了。

从上面的案例可以看出，推销员第一次与陌生客户见面，拉拉家常，聊些家长里短，可以迅速拉近与客户之间的距离，消除陌生感。客户很快就与推销员有了情感上的共鸣，这样会更容易达成交易。

推销员在开场白中聊聊家长里短可以促使客户由陌生人变成熟人，甚至激发客户的购买欲，进而使得客户再次消费。

那么，为什么和客户聊些家长里短就能促使成交呢？其实，道理很简单，那就是客户通过拉家常的方式基本可以判断出推销员的人品，如果人品值得信赖，产品一般不会太差，于是成交就顺理成章了。

一般来说，做销售卖产品，赚取利润，那是常理之中的事情，但是如果你表现得太过于功利，与客户聊天张口闭口都是公司，都是产品，客户不但不会信任你，反而会排斥你。

所以，作为销售员，与客户聊天时应适当淡化自己的销售主张。当你做完自我介绍和产品介绍后，你可以适当地跟客户聊一些客户感兴趣的事情，学会跟客户拉拉家常，如："刘小姐，最近工作顺利吗？""李先生，上次听您说孩子病了，怎么样，现在好了吗？"也可以聊些邻居或者社区里的新鲜事、有趣的事。

这种拉家常式的寒暄最能让客户获得一种被关怀、被重视的感觉，客户慢慢地也就会对你产生好感，进而认可你这个人。

客户也是普通人，普通人同样需要感情的慰藉。拉拉家常是一种最常见、效果最明显的方式。尤其是对老年客户而言，拉家常既联络了感情，又赚了人气。

有些精明的商家为了提高人气，经常尝试着与走进店铺的客户搭话，延长客户停留的时间。这招对老年客户尤其有效。因为老年客户往往腿脚不好，走不多远就累了。此时精明的商家就会把握时机，主动问候老人，把他们请进店里歇歇脚，然后与他们拉家常，了解他们的需要，把产品推销给他们。更主要的是旺了店里的人气，人气足了，会吸引更多的客户前来店里，有人来就不怕没订单。因此，店内有无留客，对生意的影响是很大的。

初次见面，与客户交谈时，不妨先聊些家长里短，了解客户的生活或者工作的一些情况，以减轻其防卫心理，使彼此的交谈气氛更为融洽。同时，销售员要从与客户的谈话中捕捉到对销售有利的信息，进而给销售提供帮助。

## 不谈生意谈感情，不谈交易谈交情

推销员初次拜访客户，为的是给客户留下一个良好的印象和建立信任关系。如果一个推销员第一次见到客户就喋喋不休地介绍产品，客户一定会觉得很烦。

推销时，许多推销员满怀热情地介绍产品，可是经常一开口就被客户以“我没有时间”“我不感兴趣”等理由拒绝。为什么会遭遇这样的尴尬局面呢？是因为客户真的没时间、没兴趣吗？恐怕是因为对你不够信任吧！

其实，主要是因为你与客户一见面就大谈特谈销售，谈你的产品，客户一听就知道你是搞推销的，功利色彩太浓，当然要找个借口拒绝你。因此，既然客户强烈排斥销售，那我们就先不谈销售，而要先把客户的注意力从销售上移开，获得客户的好感与信任后，再谈销售就会容易得多。

李先生是一位卖电动拖把的推销员，每次上街做推销活动，他都能把带去的拖把全部卖掉。那他是怎么做到的呢？

原来，每当他走在街上，只要遇到遛狗的陌生人，他就会热情地走上前去搭讪：“哎呀，这小狗真可爱！”

陌生人见他热情地夸赞自己的小狗，很快就没有了防备之心，便高兴地说道：“它快一岁了。”

李先生接着说：“这小家伙的毛色真好，您肯定每天都给它打理吧？”

陌生人回答道：“是啊，它就像是我的孩子，每天都需我要操心。不过我也习惯了，没了它还真不行。”

李先生顺着陌生人的话说：“太孤单了确实不好受。有只小狗陪着，能排遣孤寂、调节精神，这对健康是很有利的！”

听了李先生的话，陌生人感觉很舒服，便不自觉地与他聊了起来。李先生一看时机成熟了，就把话题引向了关键处，他说：“掉毛的时候应该很烦心吧？”

陌生人说：“是啊，掉毛的时候最麻烦，特别是那些小角落，总是拖不干净，还把人累得够呛！”

李先生立刻抓住这个机会，说：“哎呀，您要是使用那种能灵活转动的电动吸尘拖把，就能轻松地解决问题啦。”

“哦？你好像很了解啊。那你有什么好的推荐吗？”

“我这边有一款产品……”

就这样，李先生巧妙地转换了话题，自然地推销起自己的产品来。可以说，他这一招屡试不爽，每次都能销售成功。

李先生是怎样轻易得到陌生客户的信任的呢？那就是，他把客户的兴趣与产品结合起来，用爱犬作为媒介和主人“搭上腔”，热情地聊些生活话题，以引起狗主人的共鸣，在聊天的过程中把对方引向“正轨”，最后达到目标。

许多成功推销员的推销经验都证明了这一点：开始时，要想成功接近陌生人，就必须先聊一些陌生人能接受的话题，这是成功销售的基本法则。

试想一下，如果话还未投机，你就突兀地让对方买你的产品，那只会让对方觉得你目的不纯。因此，第一次见面时，千万不要急急忙忙地把你的产品摆出来，而应该交流下感情，等到了火候再进入正题也不迟。

刘女士是一家保险公司的金牌推销员，在公司业绩一直遥遥领先。

有一次，刘女士想拜访一家大公司的老板。但是，这位姓胡的老板平时非常忙，待在公司的时间很少。刘女士提前给胡老板打了个电话：“胡老板，我是××保险推销员，我想拜访您，不知道可不可以？”

“是想推销保险吗？已经有很多保险公司的推销员找过我了，我不需要，况且我最近比较忙。”

“我知道您很忙，但您能抽出十分钟吗？十分钟就够了，我保证不向您推销保险，只是跟您随便聊一聊。”

“那好吧，你明天上午十点钟过来吧。”

“谢谢您！我会准时到的。”

第二天上午，刘女士准时到了胡老板的办公室，她非常有礼貌地说：“胡老板，您的时间非常宝贵，我将严格遵守十分钟的约定。”于是，刘女士开始了尽可能简短的提问，让胡老板多说话。十分钟很快就到了，刘女士主动说：“胡老板，十分钟到了，我得走了。”

此时，胡老板谈兴正浓，便对刘女士说：“没关系，你再多待一会儿吧。”就这样，谈话并没有结束。接下来，刘女士在与胡老板的闲谈中又获得了很多对销售有用的信息，而胡老板也对刘女士产生了信任感。

当刘女士第三次拜访胡老板时，她顺利地拿下了这张保单。

总之，销售往往不是产品之战，而是“交心之战”，最高的境界是不谈销售却能达到销售的目的。作为销售员，见面不谈销售，不但能消除客户的抵触心理，避免自己的销售行为被扼杀在摇篮之中，还能了解客户更多的信息，赢得客户的好感。只有这样以静制动，才能掌控主导权，为之后的成功销售铺好道路。

作为一名聪明的推销员，在第一次与客户见面时，千万别总把“销售”两字挂在嘴上，否则就会让客户觉得你功利心太重。因此，你尽可能先不要谈销售的事，而应先谈感情，等赢得客户的好感与信任后，再谈产品便会自然很多，成交的概率也会更大。

美国推销大王乔·坎多尔福说过：“推销工作98%是感情工作，2%是对产品的了解。”因此，在实际推销中，没有什么比“拉感情”更重要的了。销售员应先谈感情再谈销售，先谈交情再谈交易。

## 身体姿势会“说话”，瞬间读懂客户

每个人在不同时候会有不同的姿态，比如站立和坐下。在正式场合，大多数人都会有些拘谨，下意识收紧手脚。在销售过程中，这种身体姿势会不经意地暴露出客户的心态，帮助你了解客户的心理变化。

有的人走路昂首挺胸，充满自信；有的人走路则低头哈腰，无精打采。有的人站立时喜欢把双手插进裤兜，有的人则喜欢双手交叉置于胸前。

销售员如果能够通过客户的这些姿势，了解到客户的性格和心情，就能够做好心理准备，想好应对措施，不至于因为不了解客户的心理而弄巧成拙。

胡经理把一位难缠的客户交给了销售员周先生，在这之前，胡经理已经派出了几位销售员去与那位客户沟通。他们都志在必得而去，垂头丧气而归。

胡经理给周先生打气：“这是一位很难缠的客户，小周，你要是能把这位客户拿下来，我就给你加薪。”

“好的，经理，这可是您自己说的啊，一言为定！”周先生自信地说道。

接下来，周先生铆足了劲做准备。他知道，对于难缠的客户，不能贸然去拜访，而要做好充分的准备。

周先生首先花了三天时间来搜集该客户的资料，同时他又去请教了拜访过该客户的几位销售员，尽管他们提供的信息不多，但都提到了这个客户一个值得注意的行为习惯，那就是这位客户喜欢把腿放在办公桌上。

这是一条很重要的信息。周先生凝神思索，觉得这种客户应该是个傲慢又挑剔的人。根据以往的经验，周先生认为，对待这种客户，要用气势和专业水准来压倒对方，在不伤对方自尊的前提下，使对方不得不改变自己的坐姿，以平等的姿态进行交流。

终于，周先生做出了应对这种客户的一个特殊方案。最后，这位客户被周先生轻而易举拿了下来。

人人都有自己的行为习惯，而通过这些行为习惯能看出一个人的性格。对于优秀的销售员来说，第一次与客户接触，他们就能从客户的行为习惯中看出他们的性格，并根据他们的不同性格灵活运用不同的销售技巧。

许多人都能做到有意识地控制自己的面部表情和头部姿势，但是往往会忽略自己的腿部和双脚的动作，这就使得这些肢体动作被暴露在外。因此，要想了解一个人的想法，观察他的腿部或双脚的姿势不失为一种绝佳的方式。

客户的腿部或脚部常常摆出以下几种姿势，销售员可以根据这些姿势迅速判断出客户的态度。

### 1. 腿脚叉开表示态度强硬

客户坐着或站着时，假如双腿叉开，就表明他的态度十分强硬。假如你发现客户的腿刚开始并在一起，后来又叉开，基本上就可以断定他的情绪越来越差了。

### 2. 脚的方向显示去留意愿

判断一个人是否有想要离开的意思，观察他的脚部转动的方向是最好的方式，特别是脚尖的方向。比如，你与客户交谈时，假如他的脚尖不自觉地转向别处，基本上就可以判断他想离开了。此时，你要反思在谈话的过程中是不是出了什么问题。假如你看到客户的脚一直在转向或摆动，就说明他其实不想离开但是又不得不离开，这时你要直奔主题，尽快结束交谈。

### 3. 腿部是否放松显露关注度

客户觉得当下的事情和自己毫无关系，或者气氛特别轻松时，他的腿部就会开始放松。只要仔细观察一下开会或谈判场合，我们就能发现，一个人把自己的观点表达出来后，做出的第一个动作往往是把蜷起来的双腿向前伸直。

### 4. 脚尖或者脚跟着地表明情绪高涨

当客户情绪高涨时，他往往会不知不觉地做出背离重力方向的动作，如跳离地面。不管是脚跟着地、脚尖抬起，还是脚尖着地、脚跟抬起，都表现出客户情绪高涨。特别是女性客户，这一点表现得更为突出。当你和客户交流时，发现他的脚跟着地、脚尖向上抬起，说明他比较认可你的观点。

除了腿部和双脚的动作外，客户的许多手部动作也值得我们去认真研究。只要销售员仔细观察，勤于思考，相信一定能看破客户心中所想，并从中找到成交的机会。

刘先生是一名汽车配件销售员。一天，他去拜访一位汽车销售公司的总裁。对方工作非常繁忙，刘先生等了整整一个上午，对方总算抽出时间见了他。一番寒暄之后，刘先生开始介绍产品，其间总裁也会时不时地提出一些相关问题。很快，刘先生将产品的性能、优点等介绍了一遍。

总裁点了点头，不耐烦地用手指敲了几下桌子。

刘先生并没有注意到这个细节，反而建议总裁先预订部分产品。总裁想了想，对刘先生说："你们的产品听起来确实很不错，你的建议我也会认真考虑。你先回去，回头我给你打电话。"

刘先生非常高兴地和总裁道别，之后回公司等电话。可是等来等去，刘先生始终没有接到对方的电话。原来，对方的一个小动作——用手指敲桌子，已经真实地反映出了他的心理，可是刘先生却没有注意到。

通过这个案例我们发现，客户的真实想法往往通过一些细微的动作表现出来，作为销售员，要学会准确抓住这些细微之处，以此为突破口洞察客户的心理。案例中客户敲桌子的动作已经很明显地暴露出心中的不耐烦，而刘先生却忽略了这一点，盲目地认为客户会主动打电话给他，结果错失了把产品推销出去的机会。

一个人的想法往往通过手部动作暴露出来，因此，和客户沟通时，销售员要勤于观察客户的手部小动作，如摸鼻子、摸耳朵、摸嘴巴、拉衣领等。

客户做出这些动作，分别代表了怎样的心理呢？

### 1. 用手摸耳朵

客户摸耳朵说明你的产品并不能让他打消疑虑，甚至根本无法让他提起兴趣。此时，如果你不懂什么意思，拿出合同请客户签，他就会毫不犹豫地拒绝你。遇到这种情况，让客户重新对你的产品感兴趣才是你迫切要做的工作。假如你无计可施，那就只能无功而返了。

### 2. 用手揉眼睛

与客户沟通时，假如你发现他开始揉眼睛，那么就要尽快转换话题，因为揉眼睛代表对当前话题不感兴趣。既然客户已经没耐心听你说了，你啰啰唆唆继续说下去肯定不会有什么好结果。

### 3. 用手捂嘴

与客户沟通时，假如他下意识地拿手捂住自己的嘴巴，你就要提高警惕了，因为这是一个人撒谎的信号。此时，你可以单刀直入地问："莫非有什么问题？""是不是哪里不对？"或者"咱们可以交换一下想法和意见，找出哪里出了问题。"这样一来，客户就会说出他的想法，给销售员进一步了解其心理的机会，真正站在客户的角度帮助他解决问题。

### 4. 用手抓脖子或拽衣领

客户抓一下脖子或者拽一下衣领往往是他对你的产品和服务心有疑虑的表现，此时你要及时察觉出客户为什么疑虑，打消他的顾虑。虽然客户一直赞同你的观点，但是这并不代表他对你的产品真的感兴趣。因此，假如你察觉到客户有这些动作，就要及时与客户沟通，寻找补救的机会。

### 5. 用手摸鼻子

客户摸鼻子说明你的话题并没有引起他的兴趣。比如，当销售员和客户交谈时，客户回答问题时总是时不时地摸自己的鼻子，或只是说一些客气话敷衍，就说明这次销售成功的概率不大。假如客户明显表现得不耐烦，那么销售员就要适可而止；假如客户还没有表现出不耐烦，那么销售员就要及时补救，重新寻找产品的卖点，以吸引客户。

### 6. 手插在口袋里

在交谈的时候，如果客户长时间把手插在口袋里，这意味着客户在寻找安全感。这个时候，就应当设法让气氛缓和一些，比如与客户聊聊家常，或是离开办公桌，换个轻松的环境，以使洽谈更愉快地进行下去。

人的心理变化通常会通过肢体语言表现出来。所以，销售员要想了解客户的心理动态，掌握销售的主动权，可以通过观察客户的肢体动作来实现。

## 摸清客户"底细"，有备才能无患

很多销售员在拿到客户的名单后就迫不及待地给客户打电话，这样往往会失败。没有掌握客户的信息就去接触客户，这样失败的例子比比皆是，所以，销售员在销售前一定要摸清客户的"底细"，这样能让成功的概率增加70%。

乔·吉拉德是美国著名的汽车推销大师，他说过："如果我们想把产品卖给某个人，就应当竭尽所能地去搜集对方有利于销售的所有情报。也就是说，不管我们销售的产品是什么，每天都要花费一些时间来了解客户。如果做好了准备，就离销售成功不远了。"因此，作为销售员，应充分了解客户的信息，掌握与客户有关的详细资料，摸清客户的"底细"，这可以帮助我们在与客户交谈时占据主导地位，使交谈顺利进行，达到事半功倍的效果。

钱先生是一家著名保险公司的业务代表，拜访客户的成功率遥遥领先，因此，他的业绩在公司总是处于前列。取得如此好的成绩，这与他特别看重搜集各种有效的客户信息息息相关。

有一次，他遇到一位潜在客户，他立刻就通过各种渠道了解这位客户的信息。

当了解了客户各方面的信息后，钱先生才决定去公司登门拜访。由于前期信息准备充分，初次拜访达到了很理想的效果。后来又通过几次拜访，钱先生终于拿到了那位客户一家人的寿险保单。

通过上述案例我们可以看出，充分掌握客户的信息，拜访的成功率会大大提高。钱先生的例子就是一个很好的证明。要想了解客户，就需要摸清客户的“底细”，收集各种有效的信息，并加以分析和鉴别。

俗话说：“知己知彼，百战不殆。”一位优秀的推销员，在日常的工作中要养成收集客户信息的好习惯，摸清客户的“底细”，这样在拜访客户时才能有备无患，这也就是我们常说的“打有准备的仗”。

那么，我们该从哪些方面来摸清客户的“底细”呢？

### 1. 客户的姓名

每个人对自己的姓名都十分敏感，客户也不例外。因此，销售员如果能提前知道客户的姓名，并在见面时正确地称呼对方，就会增加客户对销售员的好感，为进一步交谈做好铺垫。

2. 客户的籍贯

一般来说，在销售过程中，有时老乡关系会给销售工作带来很多便利。因此，销售员可以搜集一些有关客户籍贯的信息，能拉近与客户间的距离。

3. 客户的学历与经历

有时，了解客户的学历和经历能帮我们与客户更好地交流，使交谈氛围更加融洽。比如，一位销售员发现客户曾经和自己在同一所大学就读，而且两个人都曾是学生会主席，于是他刚和客户相见，就开始聊大学生活，两个人有很多共同话题，颇有相见恨晚之感，最后顺理成章地达成了交易。

4. 客户的家庭背景

了解客户的家庭背景，然后投其所好，是不少销售员取得成功的秘诀。如，有一位推销员了解到客户的儿子喜欢踢足球，在与客户见面时就送上了一件某足球明星签名的T恤衫，于是迅速赢得到了客户的好感。

5. 客户的爱好兴趣

每个人都喜欢听赞美的话，如果销售员了解了客户的兴趣爱好，并加以赞美，可以获得意想不到的效果。如，有一位保险业务员了解到客户爱好垂钓，于是他就先和客户交流垂钓的经验和体会，并赞美客户的垂钓技术高超，最后顺利拿下了订单。

为了更容易成交，销售人员不仅要了解以上信息，还要了解客户的其他信息，如职业、年龄等，这样才能在见面时有话题聊，进而赢得客户的信任。

知己知彼，才能百战不殆。一个人即使临场发挥得再好，随机应变能力再强，如果对客户一无所知或者判断出错，也难以成交。因此，在拜访客户之前，无论是查资料，还是咨询知情人士，销售员一定要想方设法摸清客户的“底细”，做到有备无患。

# 第三章 学会倾听

## 会说更要会听，客户的话更有价值

说话，是销售员的工作内容，也是客户的需要。所以，必要时你要把说话的权利让给客户，学会倾听。倾听可以使你弄清客户的性格、兴趣和经历，了解客户在思考什么、真正的需求是什么。而且，你竖起耳朵聆听客户说话的样子，给予了客户足够的尊重与重视，这会让客户放开顾虑尽情说话，从而达成交易。

## 销售不是独角戏，提高业绩要靠倾听

有些销售员经常抱怨销售业绩很难提高，究其原因，大多数是销售方法不对。绝大部分人认为销售主要在于说，其实，成功的销售人员更善于倾听而非仅仅能说会道。

有这样一个故事：

胡先生是一家公司的销售经理，他的公司主要给一些装修公司供应装修材料。

一天早上，胡先生刚上班，客户牛先生就怒气冲冲地闯进了他的办公室。

还没等他开口说话，牛先生就大嚷道：“你们公司是不是太不地道了！按照合同规定，昨天上午就应该把材料送到，但到现在还没到，导致我们延误了工期。你说怎么办？如果你们公司不给一个合理的解释，我们只好另换别的公司购买材料了。”

胡先生跟牛先生打交道多年，从没见到他如此生气。不过，胡先生没有说话，只是站在一边静静地听着，而且很客气地用手指着沙发示意他坐下。

牛先生坐下来继续说了一大堆胡先生所在公司的种种不是，但胡先生只是默默地听着，并不时地点头称是。

其实，牛先生的装修公司一直是胡先生所在公司的忠实客户，之前两家公司也发生过几次小的摩擦事件，都是牛先生公司的工作人员马虎导致的，结果他们反把责任推给胡先生所在的公司。

而这次的疏忽导致工期延误，让牛先生的公司赔了不少违约金，因此他才生气地到胡先生所在的公司来闹。不过，胡先生已提前得知此次事件是牛先生公司的工作人员疏忽导致的。因此，胡先生心里是有底的。

牛先生数落了大概半个小时，胡先生没有反驳一句，并且始终态度温和地听着。这让牛先生感到意外，他像瘪了的气球慢慢地平静了下来。

胡先生起身帮牛先生泡了一杯茶，心平气和地说：“导致您工期延误，赔付违约金，我心里也不是滋味。这样吧，因为您是我们的老客户了，为了以后咱们继续很好地合作，我建议咱们都重新仔细核对一下订货单记录，以确保万无一失，如何？”

牛先生被胡先生的态度折服了，回到公司后，牛先生仔细检查了一遍订货单记录，发现办事人员填错了订货单位。看到这里，牛先生立即拨通了胡先生的电话，表示了歉意。从此以后，牛先生成了胡先生最忠实的客户。

面对怒气冲冲的客户牛先生，胡先生耐心地倾听他的抱怨和不满，待他平静下来后才心平气和地与他交谈，弄清事情的原委后，化解了一场误会。

我们常说，行动胜过言语，主动倾听客户的诉说，实际上就是用一种无声的语言表达了你对他的尊重。胡先生耐心地听牛先生发火、抱怨，则完全满足了他获得尊重的需要，满腹牢骚当然就化为乌有了。因此，主动倾听客户的话才是遏制客户的怒气、缓和关系的法宝。

我们这里所说的“倾听”，既包括用耳朵听，又包括用眼睛观察客户的表情和动作，用心考虑客户的话，用大脑思考客户的话里隐藏的动机，做到“耳到、眼到、心到、脑到”。

我们通常可以通过倾听缓和客户的敌对情绪，从而更顺利地解决问题。许多客户气冲冲地抱怨，也许不是为了得到补偿，而只是为了发泄心中的不满情绪。

其实，大多数客户的不满、抱怨和投诉，都不是毫无根据的。客户投诉的方面包括产品质量、服务态度、管理不当等。无论是哪种原因引起的客户投诉或抱怨，销售人员都要积极地面对这些负面信息，并及时与相关部门沟通协调，帮客户解决问题，从而更好地服务于客户。

那么，销售员该如何做到有效倾听呢?

### 1. 不要随便打断客户的话

任何人都不喜欢别人打断自己的话，因此销售员切忌打断客户的话，就算有哪句话没有听清楚，也应该委婉地提出来。耐心倾听既能让客户有一种被尊重的感觉，又能给客户留下良好的印象，从而更有利于进一步的沟通。

## 2. 积极主动地回应客户的话

倾听客户诉说，不是要求销售人员只听不说，而是在不打断客户的前提下积极主动去回应。比如，销售人员可以时不时地说：“没错，我同意您的意见。”“对，就是这样！”“您的话很有道理。”这能表明销售人员对客户的话非常感兴趣，从而激起更大的交谈兴致。销售人员千万不要一副无所谓的样子，也不能急着发言。

## 3. 认真做好记录

倾听客户诉说时，也许客户会讲许多内容，其中不乏一些重要信息，比如一些重要的电话号码、联系地址等。对于这些重要信息，销售人员一定要做好记录，这样更有利于保留和整理客户的信息。

倾听客户的诉说时，销售员要时刻集中精力，保持清醒的头脑，而不能漫不经心、目光游离、频繁看表等。正确的做法是身体面对客户并保持微微前倾，这种姿势表明你很尊重客户并且对他所说的话非常感兴趣。假如客户抱怨，销售人员应耐心倾听，并努力寻找有效的解决方案，而不能表现得不耐烦。

## 听得越多，成交的概率越大

戴尔·卡耐基说过："在生意场上，做一名好的听众远比自己夸夸其谈有用得多。"倾听是成交的先决条件，销售人员听的内容越多，听的时间越长，就越能给客户一种亲近感，从而使成交的概率更大。

通常来说，销售员去见客户的时候，总是试图跟客户多说话，而且想尽一切办法让客户听我们的，当客户想要表达自己的想法时，则急于把话掩盖过去，认为说得多客户就会买我们的产品。但总是事与愿违，无论我们说得多么天花乱坠，客户就是不买账，总是说再考虑考虑。

为什么会这样呢？优秀的销售员给了我们一个正确的答案：你不要多说，而要多听客户说，这样客户才会给你订单。

在销售过程中，倾听在交谈中所占的比重是最大的。一家研究机构的研究人员抽查了2000个销售案例，发现销售精英通常花60%～70%的时间在倾听上。为什么倾听如此重要呢？因为销售人员在倾听后可以更深入地了解客户的需求，帮客户找到心仪的产品。客户喜欢产品，自然也就更信赖销售员。所以，你听得越多，客户就越容易给你订单。

陆女士是一家家居市场的销售部经理。

有一天，临近下班的时候，一位女客户来到店里，陆女士微笑着迎上去，认出这位客户购买过她的产品，于是她热情地请客户落座，并泡上一杯茶。

可是，没想到的是，这位客户一坐下便气呼呼地开始抱怨，喋喋不休地数落着上次购买的沙发的种种缺点，话越说越难听，言语越来越尖刻。

陆女士无奈，只好坐在旁边静静地倾听。半个多小时过去了，客户把心里的怨气发泄完了，陆女士不失时机地端起茶杯递过去。客户有些不好意思了，对陆女士说："陆经理，您的脾气怎么这么好？"

没等陆女士回答，这位客户叹了口气，又开始抱怨家里的种种矛盾，孩子不听话，老公出差在外很少回家，等等。陆女士仍然认真地倾听她的抱怨，又是半个小时过去了，这位客户心情逐渐平静下来，情绪转好，十分不好意思地说："您真是个好人，跟您说了这么多，我心里好受多了。耽误了您这么多的时间，实在抱歉！我选几套家具吧。"

通过倾听，陆女士拉近了与这位客户之间的心理距离，让客户对自己产生了很大的信任。最后，这位客户不但选择了店中陈列的一套桌椅，还从图册上选择了几款软床和床垫产品。

从上述案例可以看出，听得越多，成交的概率就越大。陆女士成功的销售经验值得我们每一名销售员借鉴。一名优秀的销售人员，一定是一个善于倾听的人。

销售员认真地倾听客户说话，能让客户觉得销售员一直在关注他，这能提高销售员的沟通热情，从而让客户畅所欲言地提出自己的想法和需求，为进一步沟通做好铺垫。

销售员还可以从客户传递出的各种信息中准确判断客户的真正需求和关注点，并据此寻找解决的办法，从而让客户感到满足，这有助于达成交易。

此外，销售员在倾听的过程中，应及时回应客户的诉求，这样会使客户感到被支持和认可，从而激发客户继续说下去的兴趣。客户说得越多，透露的信息就越多，如果还能得到销售员的认可，那么客户购买的决心就会更加强烈。

那我们该如何去倾听呢？

（1）认真倾听才能赢得信任。当我们入神地听客户讲话时，客户会感受到我们的真诚。如果能在客户讲话时，适当地表达一些自己的想法和观点，客户就会更加地信任我们，从而更认真地听我们讲话。

（2）洞察客户心理，不轻易打断客户的话。在客户讲话的过程中，你要明白客户所讲的真正含义，在客户讲完后，如果有什么不明白的地方，还得向客户请教，但是千万别打断客户的话，这样才能使沟通更加地长久，对销售人员更有利。

值得注意的是，在倾听的过程中，如果你发现客户的某些观点有失偏颇，或者与你的观点相冲突，你不要急于反驳客户，如说“不是吧，怎么会是这样啊”“这不可能吧”之类的话。

没有哪一个客户愿意被销售员批评或反驳，所以，当出现这种情况时，你可以采取提问的方式改变客户谈话的重点，引导他谈论更能推动销售的话题。

乔·吉拉德说过这样的话："倾听，你倾听得越久，对方就会越喜欢你，据我观察，有些推销员喋喋不休，却只让客户心烦意乱。"倾听得越久，你掌握的信息也就越多，就会被客户接受和喜爱，进而成为更优秀的销售员。

## 多倾听少说话，销售高手懂得倾听的艺术

有些销售员业绩不理想，主要是因为他们忽视了倾听的艺术。他们总是说得太多、听得太少，使客户以为他们不尊重自己，客户自然也就不会对销售员产生好感。在销售领域，那些顶尖的销售员往往都是倾听的高手。

“少说多听”貌似简单，但做起来并不容易。

在销售的过程中，特别是在商业谈判中，不过早表明自己的态度是很重要的，我们首先得摸清对方的情况。如果我们自己说得太多了，就会在无意之中泄漏自己的态度。

在谈判中，如果你能让对手尽情地说个不停，你就成功了一半。

许多销售员成功的诀窍就是鼓励客户多说，同时设法闭住自己的嘴。如果你认真听客户说，你就能了解客户的想法。同样，如果你不想让客户

知道自己的真实想法，那么最好少说。

一些销售人员之所以业绩不好，往往是因为他们不注重倾听的礼仪。这些销售人员总是说得太多、听得太少，结果客户感受不到他们的尊重，自然也就不会对他们产生好感。那些顶尖的销售员，往往是倾听的高手。

在日常销售过程中，销售员一定要学会神情专注、耐心地听客户讲话，不要轻易打断客户的话，或心不在焉，更不要只顾自己滔滔不绝地讲，而应给客户说话的机会。

从前有一个年轻人，去向一位演讲大师请教演讲技术。他为了展示自己的口才，滔滔不绝地讲了许多话。最后，大师要他缴纳双倍的学费。那个年轻人惊诧地问："为什么要我交双倍学费呢？"大师说："因为我得教你两门功课，一是怎样闭嘴，二是怎样演讲。"

上面的案例虽然有些夸大，但说明了一个事实，那就是倾听的价值。所以，与客户交谈时，一定要注意倾听。认真倾听客户的话，对我们只有好处，没有坏处，多听少说的奥妙就在这里。

那么，作为销售员，我们应该怎样倾听呢？以下是几点倾听的技巧。

### 1. 集中注意力

正常人通常只能记住听到的六七成，假如听的时候不专心，那么记住的会更少。所以，倾听客户说话时务必要全神贯注，尽量不要受外界的干扰。

### 2. 注意客户的说话方式

许多信息都藏在客户的措辞、表达方式、语气和语调中，认真倾听，就可以发现这些信息，真正了解客户的需求。

### 3. 学会忍耐

当客户说的话太难听，触怒了你时，你不要避而不听，也不要打断，更不要与客户争吵，而要学会忍耐，尽量让客户把话说完。

当然，假如不打断客户说话只会让结果更加糟糕，那么你就应该打断。不过，你要先征求客户的同意，用商量的语气跟客户说："请稍等一下，允许我插句话，好吗？"或"能让我打断您一下吗？"或"我想提个问题，可以吗？"如此一来，你既转移了话题，又不会显得没礼貌。

### 4. 要虚心

为了表明你对客户所谈内容的关心、理解和重视，你可以适时发问，提出一两个客户擅长而你又不熟悉的领域的问题，请求客户更清晰地说明或解答，这样做往往会令客户受到鼓励。但要注意向客户请教不能避实就虚、强人所难，客户不愿回答的问题不要追问。

### 5. 与客户互相配合

当客户说话幽默时，你应报以笑声增添乐趣；当客户说到紧张处时，你应屏住呼吸强化气氛；当客户讲到精彩处时，你应以掌声相迎。与客户互相配合，这样客户才有兴趣继续讲下去。

演讲大师卡耐基说过："倾听是一种典型的攻心战略，一个不懂得倾听，只是滔滔不绝、夸夸其谈的销售人员，不仅无法得知有关客户的各种信息，还会引起客户的反感，最终导致销售失败。"一名优秀的销售员，首先必须是个高明的听众。

## 听出弦外之音，悟出言外之意

在销售过程中，我们听客户说话时，不仅要听字面意思，还要听客户话语中的弦外之音。这是倾听中比较高的一种境界，也是倾听中最不容易做到的。

有句话说得好：“鼓要听音，话要听声。”我们在听人说话时，不能只听字面意思，还要能听出字面背后的意思。因为，很多时候谈话对象会因为各种因素，不方便把自己真正的意思通过直白的语言表达出来，所以会选择一种比较隐晦的说法，把自己的真正意思隐藏在说出来的话语中。

销售员如果不能透过现象看本质，听出客户的真正意思，那么势必无法正确理解对方的真实心理和意图，这会给我们的沟通造成很大的障碍，也会给销售员带来很大的麻烦。

孙先生是一家种子公司的推销员，他的工作是把公司培育的各种粮食作物的种子推销给二级经销商，包括一些农技服务机构。

一天，孙先生来到某乡镇的一家农技服务站推销自己的水稻种子。他很快就找到这个服务站的站长，并把产品详细地介绍给了这位站长。听完孙先生的介绍后，站长说："我研究一下，之后再和你联系吧！"

孙先生听了这样的话非常高兴，心想如果这家农技服务站购买自己的水稻种子，那么自己将会有一大笔的提成，因为这个乡镇往年的水稻种子采购量都很大。于是他高兴地回去等站长的消息。

半个月过去了，孙先生却一直没有等到站长的消息。孙先生再也坐不住了，打电话询问站长考虑得怎么样了，站长却说："这个我们还没有确定，等确定了我再给你打电话吧！"说完就挂断了电话。孙先生心想，可能是这位站长比较忙，要不就再等半个月吧。

很快半个月又过去了，还是没有收到站长的消息，于是孙先生赶紧打电话过去询问是不是已经确定了，谁知这位站长说："你说那件事啊！水稻播种已经结束了……"

孙先生一听傻眼了，不知道说什么才好。

从这个案例中我们可以发现，当这位站长说"我研究一下，之后再和你联系"时，已经是客套话了，他不好意思直接拒绝孙先生，所以用委婉的语言告诉他自己不需要。而推销员孙先生却没有听出这句话的弦外之音，只是傻傻地等待。

在第二次沟通中，站长告诉孙先生："这个我们还没有确定，等确定了我再给你打电话吧！"其实是告诉孙先生，如果我没有给你打电话，就说明你的产品我没有选中。而这次孙先生还是没有听明白这句话背后的意思，仍然痴痴地等待站长的消息，最终徒劳无功。

所以，在销售沟通中，我们不仅要用心倾听，还要能够听出对方语言背后的弦外之音。比如，在明朝初期，有个富商万二就很善于听弦外之音。

有一次，朱元璋在几个官员面前作了一首诗："百僚未起朕先起，百僚已睡朕未睡。不如江南富足翁，日高丈五犹披被。"

当时，富商万二从自己的官员朋友那里得知朱元璋三天前作了这么一首诗。他从这首诗里听出了朱元璋的弦外之音——皇上已经下了整治富人的决心。

于是，万二回到家后就把自己大量的财产分给了穷人，然后带着一小部分钱财和自己的家眷跑到一个遥远的山村里过起了隐居生活。

后来，当地很多富翁都被整治了，苦不堪言，而万二则幸免于难。万二正是听出了皇帝的弦外之音，才逃过一劫。

从万二的案例中，我们可以看出，听话不能只听表面意思，而要去仔细分析字面下隐藏的真正含义。只有这样，才能正确理解说话人的真实想法，避免产生不必要的麻烦。

销售员要善于揣摩客户话语的弦外之音，这样才能使自己更好地理解客户的说话意图。比如，客户交代你去办一件事情，但是不方便直截了当地告诉你，有时候只把话说七分，而剩下的那三分则需要你仔细去揣摩了。

其实，在与人交往中这种带有弦外之音的话太多了，我们几乎每个人都碰到过。比如，我们去求一位朋友办事，但是在谈话过程中，朋友对你的正面要求总是顾左右而言他，此时，你最好不要再继续谈论需要请他帮忙的事情了，因为他已经委婉地拒绝了你，你再谈论下去，势必会造成更多的尴尬。再比如，你对朋友说了一个重要的决定，朋友没有直接赞同你的决定，而是说“可以是可以，但是……”，他这句话的弦外之音就是不赞成你的决定，甚至是反对，但是碍于你的面子不好驳斥你。如果你听不出他的真正意思，势必会做出一个错误的决定。

鉴于以上种种，可见听不出弦外之音的后果是非常严重的。那么，作为一名销售员，在与客户的沟通过程中，如何发现客户的话带有弦外之音呢？

### 1. 客户谈话的语气突然改变

当出现这种情况时，你要留意是否有言外之意。例如，平常说话速度正常的客户，如果他突然加快语速，或者出现说话结巴等问题，你就要留意他的话。

还有这几种情况也应注意：客户认真地看着你，重复说同一句话；在一次见面结束后客户对你说的最后几句话；客户想插话，欲言又止；等等。

### 2. 注意一些常用的字眼

当一个人心口不一时，常会说“坦白说”“老实说”“说真的”之类的话，这表明对方也许并没有他所说的那样坦诚。比如，客户说：“说实在的，这是我能给出的最高的价格了。”这句话的言外之意是，“这并不是我能给出的最高的价格，我还能给出更高的价格”。

这类话还有很多，比如“莫非我还会骗你不成”“我是真的……”“对吧”“只不过”，等等。这些字眼都缺乏坦诚，当客户说出这样的话时，销售员要保持清醒。

聪明的销售员不能只是满足于听懂客户说的话的表面意思，更要从客户的话中听出弦外之音，从客户的表情、手势等信息中把握客户的真实意图。

## 客户的话不应挑三拣四

客户跟你谈生意也好，拉家常也罢，每一句话你都要认真、仔细地听，只有这样，才能在无形中赢得客户的心，客户也就会愿意掏出钱包了。

销售对沟通的要求非常高。交易成功的基础是交易双方已经沟通好，且沟通的过程很愉快。很明显，在这个过程中，客户是主要的满足对象。那么，如果客户想唠叨，你应该怎么做呢？答案是专注倾听。只有专注倾听，客户才能达到极大的满足，如此一来，交易也就顺理成章了。

可是在现实的销售过程中，很多销售人员在听客户说话时，总是表面上装出一副倾听的样子，内心却迫不及待地想要有说话的机会。

我们有时会遇到这种情况，明明和客户沟通得很愉快，客户也明确表示对我们的产品十分感兴趣，眼看着马上就要成交了，但是客户突然变卦了，不愿意在合同上签字，最后煮熟的鸭子又飞了。为什么会造成这种局面呢？请看下面的例子。

周先生是一名电梯销售员，他既机灵又健谈，深得客户喜爱。但是，一次销售失误让周先生感慨颇深。

一天，一位女性客户来到店里，要买一部自动电梯。周先生很热情地接待了她，给她介绍了一部最新的电梯，客户也表示很满意。一切都在顺利地进行着，最后客户决定购买，就差签单了。

然而，就在最紧要的关头，客户的态度突然发生了一百八十度的大转弯，说不买了。

突如其来的变化令周先生措手不及，他眼睁睁地看着客户离开店铺。周先生感到非常困惑：为什么客户会临时变卦呢？

晚上，周先生被这个问题困扰着，辗转反侧，最后他决定拨打客户的电话，了解究竟是为什么。周先生很有礼貌地问："喂！您好，打扰您了，您能够告诉我您今天不买电梯的原因吗？"

那位客户对晚上被打扰很不满意，她不情愿地说道："对不起，我要休息了，明天再说吧！""真是对不起，打扰您休息了。白天的事情我思考了一天，可是我实在想不出自己哪里做错了。您能够告诉我原因吗？"周先生诚恳地说。

那位客户犹豫了一会儿，缓缓地说："既然你这么有诚意，我就告诉你吧。你今天根本没有用心听我说话，在我签字买电梯之前，我跟你说我女儿上学的事情，你竟然充耳不闻，我知道你对这件事情没有兴趣，但你那冷漠的表情让我临时改变了主意！"客户越说越生气。

周先生恍然大悟，原来这是自己销售失败的原因。如果不是客户提醒，他真的不记得客户说了这些。当时他和客户谈妥一切之后，客户开始说一些买电梯之外的话，他就没有认真听，原来客户在与他谈她女儿上学的事情。

周先生立即向那位客户道歉，并暗暗下决心改掉这个坏习惯。那位客户知道周先生是真心诚意来道歉的，最后还是买了电梯。

从上面的案例中我们可以看出，销售员千万不要把客户当成自己赚钱的工具，而应把他们当成朋友，除了倾听他们的诉求以外，还可以和他们拉家常，倾听他们说的和买卖没有关系的事情，让他们觉得受到尊重。

销售人员要记住，在交易达成之前，客户的每一句话你都要认真倾听。尤其是工作之外的话，不要挑三拣四地听。因为客户的每一句话都可能关乎交易是否达成。在交易达成之后，客户的每一句话，你仍然需要认真倾听，这不仅是一种礼貌，更是一种职业素养。否则，这次交易只能是一锤子买卖。

倾听是一种礼貌，是尊重和理解，销售员要学会倾听，耐心倾听客户的心声，成为客户的忠实听众。倾听客户的发言，欣赏客户思维的闪光点，无论客户是说对了还是说错了，无论是说明白了还是语无伦次，销售人员都要专注地倾听，不能有半点不耐烦，更不能打断他们的话。销售人员在倾听时要做到“五心”：

一要专心，无论是产品的事情，还是产品之外的事情，销售员都要听清客户说的每一句话，脑子里不想其他事。

二要耐心，认真听完客户的话，等客户说完后再发表自己的意见，不要随便插话。

三要细心，当客户说的话有错时，销售人员提出自己的意见要建立在客户的话的基础上或者提出新颖的想法。

四要虚心，当客户提出的观点与自己的不同时，要虚心接受，一边听取客户的意见，一边审视自己的观点。

五要用心，客户的意见只能参考，不能盲目接受，做到“说”“听”“思”并重，相互促进。

除此以外，客户的话要听完整、听仔细。要认真听清客户说话的语调，注意客户的肢体语言。同时还要进行换位思考，想想如果自己在发言时客户不听会怎么样。倾听是一种礼貌，是尊重和理解他人的表现。

作为销售人员，无论对方是准客户还是潜在客户，你都要认真倾听他的每一句话，不应与销售有关的就听，与销售无关的就不听。这样，你才能赢得客户的信赖。

# 第四章
# 善于提问

## 销售要学会提问题，问对了就成交了

销售要学会提问题，问对了就成交了。因为好的问题可以让你快速摸清门路，了解客户的真实需求。那么，你会提问吗？和客户聊了好久，依然不知道客户的真正想法该怎么办？

## 销售员会提问题，成交不是问题

销售员要学会提问，因为只有学会提问才能了解客户的真正需求。所以，不管你是什么行业的销售人员，都必须懂得提问的技巧，通过提问赢得客户的信任，并激发出客户的潜在需求。

如果你直接去说服一个人，即使你磨破嘴皮，可能也无法打动对方，这时通过提问来说服是个很好的方法。首先你要有非常清晰的思路，然后通过提问引导他人的思维跟着你走，最终使其完全认可你的话。

我们先来看一个古代的故事。

甘罗的祖父甘茂是秦国的政治家，非常有能耐，曾做过秦国的左丞相。常言道：“相门出才子。”甘罗自幼聪明过人，小小年纪便拜入秦国权臣吕不韦门下，任少庶子。

一日，宰相吕不韦怒气冲冲地回到府中，甘罗看见吕不韦愤怒的样子，便上前问："丞相大人，不知道是什么事情让您这么愤怒，能让我知道吗？"吕不韦此时正烦躁不安，看见说话的是甘罗，于是很不耐烦地说："小孩子知道了又怎么样？走开！"甘罗听到后大声说："丞相在府中供养门客的目的就是给您排忧解难，如今您遇到麻烦了，我怎能不管不问呢？"

吕不韦见甘罗信心十足，就改变了说话的态度，把事情从头到尾说了一遍："三年前皇上派刚成君蔡泽去燕国，燕国很高兴，便让燕国太子丹到秦国做人质，为了表示友好，现在我想派张唐到燕国去担任相国，但张唐却百般推辞，不愿去燕国。张唐不愿意去的原因非常简单：作为秦国的大臣，张唐率兵攻打过赵国，曾夺取不少赵国的领地，因此赵王十分痛恨张唐，并且承诺不管是谁只要能把张唐杀死，就赏赐方圆百里的土地，而赵国是秦国去燕国的必经之地，所以张唐不愿意出使燕国。"

甘罗听到之后微微一笑："这样的小事不劳丞相烦恼，只要让我去劝说张唐，保证轻松解决问题。"吕不韦略带不快地说："我因为这件事已经和张唐谈了几次，一直不能说动他，你怎么敢口出狂言？"

听了吕不韦的话，甘罗不服气地说："项橐七岁的时候就被孔子拜为老师，现在我比项橐还要大五岁，为什么我不能说动张唐？如果我没能说动张唐，到时您再责罚我也不迟！"

吕不韦见甘罗说话底气十足，便同意让甘罗去劝说张唐，并许诺如果成功，必有重赏。甘罗没有多说什么，就向张唐家中走去。

张唐正在家中，听闻吕不韦的门客前来拜访，连忙出门迎接，结果发现只不过是一个十几岁的小孩子，于是心里有些不太高兴，问："你来这干什么？”甘罗见他态度很傲慢，于是说：“我是来给你吊丧的。”张唐听了愤怒地说：“小孩子胡说八道，我家里没人辞世，哪需要你来吊丧？”

甘罗笑着说：“我可没胆量胡说八道，等你听我讲清楚原因再说吧！与武安君相比，你的功劳算大吗？”

张唐连忙答道：“武安君英勇善战，南面攻打强大的楚国，北面扬威于燕赵，占领的地方不计其数，功绩显赫。我哪里能与他相比呢！”

“那么应侯范雎和文信侯相比呢，你觉得谁的权势更大？”

张唐答道：“肯定是文信侯的权势更大！”

“你果真明白文信侯比应侯专权独断？”

张唐说道：“当然明白。”

甘罗听了笑道；“既然是这样，那你为什么还找借口不去呢？我听说武安君在应侯想攻打赵国的时候反对他，所以才离开咸阳七里，就有人取了他的性命。应侯连武安君这样的人都不能容忍，文信侯又怎么会容忍你呢？”

听了这话，张唐冷汗直冒，请甘罗替自己向丞相禀报，说自己愿意出使燕国。

从这个历史故事中我们可以看出，甘罗接连向张唐提出了两个尖锐性的问题：你（张唐）的功劳大还是武安君白起的功劳大？应侯范雎权势大还是文信侯吕不韦权势大？使张唐意识到，如果自己不去，那么等待自己的只有一死。

同样，在销售中更是如此。当销售员与客户交流，销售员向客户提出友好而切中他们需求的问题时，客户对销售员的警惕和抵触会渐渐消失。

所以，在向客户提问时，销售员应把握客户的需求，与客户保持良好的关系，掌控交谈的进度，这对成交是有利的。

周末，王先生和夫人在家休息。突然门铃响了，一位衣着整齐的推销员站在门口，当王先生把门打开时，推销员问："请问先生，您家里有高级的食品搅拌器吗？"王先生怔住了。这突然的提问使他不知怎样回答才好。

他转身与夫人商量，夫人有些尴尬，不过还是好奇地说："我们家的确有一个食品搅拌器，但并不是特别高级的。"听了这话，推销员回答说："我这里有一个高级的。"说着，他将一个高级食品搅拌器从提包里掏出来。

就这样，王先生把推销员请了进来，通过进一步的细谈，王先生和夫人对高级食品搅拌器产生了兴趣，并最终决定购买。

假如案例中的推销员改变说话方式，一开口就说："我是一名推销员，请问您愿不愿意购买一个高级食品搅拌器？"试想，这样推销会有什么样的结果呢？

通常而言，向客户提问的效果比直接向客户讲述好很多，不过这要求提出的问题要有一定的分量，而要做到这一点并不是一件容易的事。

在销售过程中，与客户面谈时，有些销售人员通常会提出这样的问题："您到底想不想买呢？""您还不打算买吗？""我们今天能不能达成协议？""您是否要购买这种产品？"此类问题似乎是在向客户发出最后通牒，自然会引起客户的反感，遭到客户的拒绝。

虽然有效的提问能够在很大程度上帮助销售人员与客户建立良性的沟通，但是假如在提问过程中不顾方法，恐怕最后不仅无法达到目的，还会让客户感到反感，导致双方关系恶化。

### 1. 关注客户透露出来的重要信息

看到客户后，要在第一时间关注整体环境和客户所透露出来的重要信息，因为提问前一定要掌握充分的信息，这样提出的问题才有一定的针对性。

### 2. 提问的态度要和蔼

如果销售人员提问时总是一副咄咄逼人的态度，那么任何客户都不会喜欢的，这就要求销售人员向客户提问时一定要注意提问的态度和技巧。

### 3. 关注客户的需求和喜好

向客户提问时，务必要关注客户的需求和喜好，这样提出的问题才不至于使客户难堪。

### 4. 从客户感兴趣的话题入手

第一次与客户接触时，选择客户感兴趣的话题循序渐进地提问是最好的选择，而不能直接询问客户是否愿意购买。

### 5. 避免敏感性问题

提问时应尽量不要提那些比较敏感的问题，即便这些问题的答案对你来说至关重要，提问前也要换一种方式慢慢试探，确保不会冒犯客户后再提出你的问题。

销售人员提问的语气直接决定了客户的态度。比如，用否定的语气提问，会给客户留下疏远的印象。所以，提问时要多用肯定的语气。另外，提问还要切中实质，要有的放矢。换句话说，向客户提问时，一言一行都得围绕着目标展开，而不能盲目地提问，否则你的提问将毫无意义。

## 如果你能够“提问”，就不要总是去“说”

著名销售大师尼尔·雷克汉姆曾说：“在销售员与客户进行沟通的整个过程中，如果你问对方的问题越多，获得的有效信息就会越充分，最终你销售成功的概率就越大。”因此，销售员在与客户交流的过程中要切记：如果你能够“提问”，就千万不要总是去“说”。

在销售的过程中，提问是销售员获得客户信息的一般手段。因此，销售员与客户洽谈的过程，往往也是问答的过程。

要想与客户建立良好的关系，销售员不仅要善于倾听并准确地把握客户的需求，还要掌握提问的技巧，与客户有效地沟通。

提问有两个作用：其一，它表明销售员尊重和关心客户；其二，它可以吸引客户的注意力，让客户更容易理解和记忆销售人员提供的信息。所以，销售员向客户提问时一定要讲究方式和原则。在整个推销的过程中，假如对客户的每一个提问都能讲究方法，就会很容易达成交易。

另外，销售员提问时一定要对客户有礼貌，并且要有一定的亲和力，不能让客户觉得销售员既不尊重他也不关心他；同时，提问前还要谨慎思考，不能漫无目的地信口开河。而且，每一位客户都不想销售员只顾喋喋不休地夸奖自己的产品，也不想自己说话时被销售员鲁莽地打断。不过，假如销售员向他们提出友好而切中他们需求的问题，他们对销售员的警惕和抵触心理就会渐渐消失。

因此，有效的提问会让沟通更有效。有效的提问好处很多，它不仅有助于把握客户的需求，使销售员与客户保持良好的关系，还有利于掌握和控制谈判进程，减少销售员与客户之间的误会。

销售员提问时要注意以下几个方面：

### 1. 提问要有吸引力

只有当销售员提出有吸引力的问题时，客户才会积极思考，说出销售员想要知道的信息。相反，如果销售员提出的问题没有吸引力，客户听到就会心生厌恶，也就不愿意和销售员继续沟通了。

### 2. 态度要诚恳

客户会因为销售员诚恳的态度和低调的作风而信赖销售员，从而放心地与销售员合作。

### 3. 语言要简明不啰唆

向客户提问时，销售员说话要言简意赅，不能啰里啰唆，否则就会给客户留下优柔寡断、不适合合作的印象。

4. 提问要有针对性

销售员提出的问题要有逻辑性和针对性。假如提问缺乏针对性，就会让客户觉得没有重点，客户也就难以理解销售员提问的方向和目标。

有效的提问既能促进销售员与客户的沟通，又能大大增加与客户的合作机会。当然，在提问的时候，还需要注意提问的技巧，这样客户才会乐意与你沟通、合作。

有这样一个例子：

客户："你们还有此类的产品吗？"

销售员："当然有！"

客户："有多少？"

销售员："非常多，因为大家都喜欢这款产品。"

客户："真可惜，我喜欢独一无二的产品。"

在与客户沟通时，假如这位销售员懂得仔细揣摩客户的心理，善于沟通，可能就做成这笔买卖了。

聪明的销售员应该这样应对客户：

客户："你们还有此类的产品吗？"

销售员："不知您为什么会这样问呢？我对此很好奇。"

客户："我非常想知道你们究竟有多少同类产品。"

销售员："原来如此，您为何这么关心这个问题呢？"

客户："因为我喜欢独一无二的产品。"

如此一来，客户的想法就一清二楚了，然后销售员就可以根据客户的不同需求调整自己的销售方案，大大提高成交的概率。

这个案例告诉我们，一旦销售员面对客户提出的不方便回答的问题，可以把问题踢回给客户，利用反问法探听客户的真实心理。

可是，提问有一定的方法，只有正确的提问方法才能引导客户说出销售员想知道的信息，而错误的提问方法只会适得其反，不利于与客户的沟通。

那么，向客户提问时，销售员可以运用哪些方法呢？

### 1. 求教型提问

求教型提问即运用委婉的语气，以请教问题的方式向他人提问。这种提问方式是在投石问路，既能探听出客户的虚实，又能避免遭到客户的拒绝而陷入难堪局面。如："这款产品质量还可以吧？您能评价一下吗？"

### 2. 启发型提问

启发型提问即让对方做出提问者想要得到的回答，以先虚后实的方式提问。比如，有一位客户想买鞋子，销售员可以问："请问您打算买质量好的还是差一点的呢？"

3. 协商型提问

协商型提问以征求对方意见的方式提问，诱导对方进行合作性的回答。比如，销售员可以问：“您看明天发货怎么样？”客户比较容易接受这种提问方式。就算双方意见不同，也能保持融洽的关系，从而保证双方可以进一步洽谈下去。

4. 限定型提问

限定型提问是给出两个可供选择的答案，并且两个答案都是肯定的。比如，和客户约见时，有经验的推销员会问客户：“您看我是今天上午十点来见您还是十一点来见您？”人们都有一种心理——说“不”比说“是”更容易，也更安全。因此，有经验的推销员向客户提问时会设法尽量不让客户说出“不”字来。

5. 好奇性提问

大多数时候，你之所以会被客户拒绝，是因为你没有引起客户足够的兴趣，而采用好奇性提问的方式可以激发客户的购买兴趣，因为提问给了客户足够的想象空间。比如：“这是一款什么样的产品，它有哪些功能？”“我给您演示下这个独特的功能怎么样？”这样一来，客户就会因为好奇心而逐渐放松戒备，最后陷入交谈中。

6. 渗透性提问

乔·库尔曼是美国著名的金牌寿险销售员，他成功的秘诀之一就是擅长渗透性提问。一般来说，客户一开始说出的理由不是真正的理由，渗透性提问可以挖掘出客户更多的潜在信息，更加全面地做出正确地判断。比如，客户说："你们这个产品的太贵了。"你可以这样回应："为什么这样说呢？""还有呢？""然后呢？"提出一系列问题之后马上闭嘴，然后让客户说，客户说得越多你就离成功越近，这是每个销售人都应该记住的。

### 7. 影响性提问

为什么客户会认为他不需要你的产品？是因为你还没有刺激到他的痛点。因此，我们必须通过提问把客户的问题问出来，把客户的"伤疤"揭露出来，而影响性提问就是最好的方式。这会让他进一步认识到问题的严重性，让他不敢怠慢，提高解决问题的急迫性。比如："如果您再不换成我们这种环保型的材质，对孩子的健康危害是很大的。"

"女士，您要买什么样的裙子呢？""您要看空调吗？""这是夏季的新款衬衫，您看看吧？"……通过这些问题，销售人员就能从客户的口中了解到自己想要的信息，并找到销售的突破口，进而促成交易。

# 订单是“问”出来的，不是催出来的

客户往往不知道自己真正的需求是什么，而优秀的销售员通常可以借助恰当的提问引导客户找到真正的需求。因此，许多订单都是“问”出来的。因为只有让客户发现自身的需求，客户才会产生购买的欲望，这样一来，订单自然就有了。

在销售过程中，有些订单是客户主动下的，但是，大多数订单都是靠销售员“问”出来的。销售员如果想从客户的口中了解到自己想要的信息，就必须通过提问来了解对方的需求，并找到销售的突破口，进而实现成功销售。

因此，对销售员来说，提问能力的高低影响着销售业绩。下面我们先来看一个案例。

杨女士是商场内某知名品牌冰箱的促销员。

一天，杨女士负责的专柜来了一对母子。杨女士热情地接待了他们，并在接待的过程中发现他们打算购买一台冰箱，于是她把握机会，以提问的形式与他们展开沟通。

杨女士先问那位母亲："夫人，您家中有几口人？"那位母亲回答说家里有三口人。

随后，杨女士又接着问："生活中有的人喜欢一周买一次菜，而有的人喜欢三天买一次菜，请问您属于哪一种人？"

那位母亲回答说："我往往三天买一次，为的是菜能够保持新鲜。"

杨女士接着问："您家中平时客人多吗？"

那位母亲回答说："不多，客人只是偶尔来。"

杨女士听后，就对她说："从您家中的人数、买菜的频率、客人的多少这几个因素来看，您家里比较适合使用××型号的冰箱，请您跟我来看一下。"说完，杨女士就把他们带到××型号的冰箱前。

这时，那位儿子突然蹲下身，检查放啤酒的地方，也许是在估算可以放多少瓶啤酒。

杨女士看到后，立即对他说："许多喜欢喝啤酒的人都喜欢一次买几打啤酒，这台冰箱的空间很大，足够放几打啤酒，您看能否满足您的需要？"

那位母亲的儿子笑着点了点头。

杨女士又接着问那位母亲："您看一下下面冷藏层，如果放一些肉类，不知空间能否满足您的需求？"

"我看没问题，空间刚刚好。"

“那么您打算把冰箱放在哪里呢？是客厅，还是厨房？”

“厨房不行，我家的厨房太小，所以只能放在客厅。”

“没错，许多人都把冰箱放在客厅里，给厨房留出更大空间。”

紧接着，杨女士又问那位儿子：“先生，您的家离这儿远吗？”

“不远，大约只有一千米。”那位儿子回答说。

杨女士抓住机会，立刻笑着对那位母亲说：“假如您今天购买，我们的送货人员很快就能送到您家，而且您今天就可以放进很多新鲜的蔬菜和肉类啦！您看怎么样？”

那位母亲对儿子说：“你看怎么样，要不就买这一台吧？”

就这样，杨女士很快就成功地卖出了一台冰箱。

从上面的案例中我们可以看出，杨女士在发现客户有购买意图后就立即开始积极地发问。先问客户家里的人口，后问买菜的频率，虽然问话看似很普通、很随意，却是促销员事先精心设计的。因为这样提问，可以问出客户对冰箱的实际需求，即冰箱的大小。

等到促销员按照客户的需求推荐适合的冰箱型号时，她又留意到客户在查看放啤酒的地方，于是她立刻乘胜追击，说明自己介绍的这款冰箱能满足客户的需求。因为只有让这对母子都满意，才能让他们对购买这款冰箱不会有意见。

在最后，杨女士询问了客户的住址，这是为了把销售引向最终的目标——成交。总之，在这个案例中，杨女士通过有针对性的提问，很自然的实现了成交。

对促销员来说，善于提问是一种技能，每一位促销员都应该熟练掌握这项技能，这样才能取得良好的销售业绩。

另外，促销员在与客户交流的过程中，应该多提一些内容积极肯定、能增强客户对产品信心的问题，这样才能促使客户下定决心购买产品。

既然提问在销售的过程中非常重要，那么，提问具体有哪些作用呢？

### 1. 引导出客户的需求

如果销售员一直在说，而没有提问，就不能知道客户真正关心的是什么，客户的真正需求是什么。通常客户愿意与销售员谈话，是因为他们想要销售员根据他们的需求给出一些专业性的建议。

### 2. 测试客户的反应

我们从前面的案例中可以看到，杨女士经常会运用“您觉得怎么样呢”或“您看可以吗”等提问来测试客户的反应，也就是通过提问来判断客户对所售产品的看法。

### 3. 提问是解决客户异议的最好方式

客户对产品的异议是伴随着销售过程一直存在的，这也是很常见的事情。如果我们不善用提问而只是在阐述，就会总是处在被动的位置。比如，当客户有异议，提出一个问题时，销售员不应仅仅回答客户的问题，还要通过提问了解客户的想法，解决客户的异议。但应注意，不管客户提出什么刁难的问题，我们首先都要认同客户，而最佳的认同方法就是表达出同理心，即简单重复一遍客户的原话。比如：“胡先生，我对您刚才说的话感同身受……”等到掌控好客户的情绪后，接下来就可以进行专业陈述。但要注意应该以“问”结尾，比如：“刚才我说的，您认为如何呢？”以征询客户的意见。

业绩突出才是硬道理。要成为销售高手，就必须掌握一套科学有效的成交秘诀——销售成功的关键在于会提问。当你能问到客户的“痒处”，听出客户的真正需求时，订单必定手到擒来。

## 激起好奇心的提问，往往能达到出奇制胜的效果

在与客户沟通的过程中，销售员要想让客户产生购买行为，首先需要做的就是激发客户的好奇心，让客户对你的产品产生兴趣，然后适当地提出令客户意想不到的问题，让客户好奇你为什么这么问，你才会有机会与客户建立关系，激发客户的需求，从而促使客户购买。

人天生具有好奇心，它代表着求知欲和喜好探究未知事物的心理状态或情感行为。那些令人们好奇的事物，通常最能得到人们的关注，让人们产生窥探的欲望，并想要尝试。

在销售过程中，经验丰富的销售员往往会提出一个令客户好奇的问题，以此激起客户的好奇心理，营造出一种神秘的氛围，从而得到客户的关注，让客户产生购买的欲望。

简单地说，我们可以通过激发客户的好奇心，成功地吸引他们参与到

有效的销售会谈中。这是实施销售的第一步，也是促使客户进一步了解所售产品或服务的关键。这样才能获得客户更多的注意力和兴趣，然后销售员再阐述所售产品的优势。

我们来看下面的例子：

蒋先生是一名从事布匹推销的推销员，曾经多次约一家服装加工厂的李老板面谈，但均被李老板拒绝。李老板认为，自己已经拥有了非常固定的布匹供应商，没有必要更换商业合作伙伴。

有一天，蒋先生再次拜访李老板。但这一次他递给秘书一张便签，在上面写了这样一句话："您能否给我五分钟，让我就一个经营方面的问题提一点建议呢？"

李老板看到这张便签，立刻就产生了好奇心。于是，这一次蒋先生终于被李老板请进门来。蒋先生进门之后，先拿出了一个颜色和图案非常时尚的布匹样品递给李老板看，然后说："这种布使用的材料非常特殊，且图案设计特别时尚，制作工艺也要复杂很多。但是，如果用这种布料制作裙子，一定深得爱美、时尚的年轻女性喜欢，不知道您是否感兴趣呢？"

李老板端详了一会儿这个样品，感觉它的确与众不同。蒋先生看得出来，李老板产生了兴趣，但他突然说："对不起！李老板，五分钟的时间到了，我必须要说到做到，不能耽误您的时间，所以我要走了。"

说完以后，蒋先生起身要走。李老板此时意犹未尽，要求蒋先生再让他看看样品。就这样，李老板和蒋先生开始了订单的洽谈。

从上面这个案例中，我们可以看到，蒋先生通过一个出其不意的提问激发了李老板的好奇心，令李老板终于同意见他一面，最终使李老板和他开始进行布匹的订单的洽谈。但是，销售人员在利用此种方式来激发客户的好奇心时，还应该注意以下几点：

（1）所提的问题应与自己的营销活动有关。

（2）应该做到出奇制胜。

（3）应该给客户制造一些悬念，并给客户留下一些想象空间。

激发客户的好奇心不是一件难事，甚至很简单，比如，销售员只需要说“猜一下怎么样了”“我可以请教您一个问题吗”，客户听到后，往往就会充满好奇。

这两个问题可以使客户产生好奇心，销售员可以赢得客户的时间和注意力，从而能继续陈述产品或服务的价值。

无数小的成功逐渐累积，最后才能形成大的成功。假如销售人员可以使客户产生好奇心，就可能使其发展为销售会谈。比如，调查客户的需求前，可以先问客户“我可不可以问一个问题”，这种方法在实际工作中效果很明显。需要注意的是，销售人员千万不要通过长篇陈述来获取客户的时间和注意力。

不管面对什么样的销售对象，只要他们对销售人员的提问感到好奇，就会表现出非常愿意参与的态度。相反，如果他们对销售人员的提问不感到好奇，就会表现出不愿意参与的态度。

善于利用客户的好奇心能在很大程度上提高我们创造机会的能力，尽管如此，我们也要注意：不但不能太过分，而且不能毫无原则。在一般情况下，取得成功的往往是那些既有创意又能坚持原则的销售人员。

除此之外，要想激发客户的好奇心，还要有所保留，而不能刚开始就把所有信息都告诉他们。

人们往往对未知的事物充满好奇，因此，在与客户交流时，我们可以利用这一点激发客户的好奇心。比如，销售人员可以说："猜猜看？"这种问题能让客户不由自主地想：究竟是什么？

# 第五章 说好客套话

## 让客三分礼，客户来找你

所谓客套话，即人们见面时说的一套表示客气、拉近关系的话。说好客套话是一名优秀的销售员必须具备的能力，因为和客户沟通时，说一些客套话，能更容易达成销售目标。

## 见面套近乎，打开销售出路

销售人员在推销产品前说几句客套话，可以拉近与客户之间的距离。因为客套话可以让不认识或不熟悉的两个人由陌生变得熟悉，也能活跃气氛。初见客户更有必要说一些客套话，这样才能使沟通的气氛更为融洽，为接下来的销售工作打下基础。

心理学研究表明，陌生的地方会让人产生一种不安全感，与陌生人见面会让人产生一种距离感。如何和陌生人交谈，是困扰很多销售员的一大问题。很多销售员在和陌生人交谈的时候，不知道从哪里开始，应该聊些什么，怎么去聊，以至于和陌生人谈话经常会出现冷场的尴尬场面。

那么，怎样才能让你和陌生人有一见如故的感觉呢？答案就是与陌生人套近乎。

作为一名销售员，在与陌生人的接触过程中，简单地套套近乎，哪怕是询问一下时间，抱怨一下天气，都会拉近你与陌生人之间的距离，活跃尴尬的气氛。

在一家女装店里，一位五十多岁的老大姐在看衣服。她一会儿伸手从衣架上取下衣服，前后左右看衣服的款式，一会儿问导购员衣服的价位。

当这位大姐又拿起一件衣服时，导购员赞许地说：“大姐，这一款衣服比较适合您。”

大姐说：“我年纪都这么大了，哪能穿颜色这么艳丽的衣服呀！假如再年轻二十岁，我肯定买这件。”

听了大姐的话，导购员笑着说：“大姐，我明白您是怎么想的。人这一辈子呀，年轻时为了孩子省吃俭用，现在孩子结婚了，该为自己考虑考虑了。现在不同往日了，日子好了，衣食无忧的，所以人就得越活越年轻，您说对吧？”

听了这话，大姐笑着说：“你说得对，现在日子比那些年好多了。”

导购员接着说：“现在与您同龄的许多人都很想得开，不信看一下每天跳广场舞的叔叔阿姨就知道了，看他们穿得多漂亮、多时尚，一个个简直就像回到了二十年前。这都是漂亮衣服的功劳，所以我建议您穿上这件衣服试试，让自己再年轻二十岁，就算不买试试高兴一下也好呀！”

大姐听完，十分开心，试穿后，顿时觉得自己年轻了不少，最后买下了这件两千多元的衣服。

人人都有一颗爱美的心，只要给客户足够的购买理由，相信客户一定会购买。案例中的导购员刚和客户见面时，就是利用套近乎的方式拉近了与客户之间的距离，说得客户心花怒放，最后自然而然就成交了。

和客户套近乎是销售中常见的行为，它能拉近与客户之间的距离。但这样做必须把握一定的度，且必须掌握一定的技巧，坚持一定的原则。如果处理不当，就会“搬起石头砸自己的脚”，失去客户。

李小姐是一名地板销售员，这是她第二次来客户家。她发现客户的脸色不太好，就关切地问：“您身体还好吗？”

“还好，还不能死呢，还有架没吵完呢。”

“是谁这样没素质，和您这样脾气好的人吵架？太过分了，您告诉我，我帮您出气。”

“是我的丈夫，唉，这日子简直没法过了。”

“是您丈夫啊，不用搭理他，男人很多时候只会把怒气撒到女人身上！”

正在这时，客户的丈夫出来了，他愤怒地说：“你说谁呢？你是谁呀？我们家的事不用你来管，你给我出去！”

说完，他就将李小姐推了出去。李小姐就这样失去了一个准客户。

李小姐在与客户交谈时，忘记了最重要的原则：不随便掺和客户的家事。和客户套近乎，不仅要站在客户的角度，还要照顾到客户的家人，让客户感到销售人员是真的在帮助他。

那么，作为销售员，该如何与客户套近乎呢？需要注意以下几点。

#### 1. 见面之初的称呼与问候

第一次见面，询问客户的姓名时，要说“贵姓”“尊姓大名”；询问客户的年龄时，要说“贵庚”，而询问老人年龄时要说“高寿”。

### 2. 多用通俗语言

和客户沟通时不要用太专业的词，而要用通俗易懂的语言。假如用太专业的词，那么客户听起来就会云里雾里，也就不可能有兴致继续沟通下去了。

### 3. 了解客户的兴趣爱好

人人都希望和他人聊一聊与兴趣爱好相关的事情，客户也是这样。比如，你可以跟老年客户聊聊健康养生，和年轻女性客户聊聊美容，和喜好看球赛的客户聊聊近期的重大赛事，等等。

### 4. 对客户表示适当的关心

和客户见面后，假如你听到客户咳嗽得很厉害，可以关心地问一声他是不是感冒了，并嘱咐他多注意身体，这能很快拉近两个人之间的距离。

与客户套近乎，说好第一句话十分重要。因为大部分客户在听销售员第一句话的时候要比听后面的话认真得多。听完第一句话，很多客户就已经决定了是否要继续谈下去。

## 见什么样的人说什么样的客套话

销售人员要“见什么人说什么话”，说客套话时有针对性，根据不同的性格说不同的客套话，因为每个人的性格都各不相同，喜欢听的客套话也有区别。

优秀的销售人员大都会说客套话。在人际交往中，客套话已经成为人与人沟通的润滑剂。会说各种各样客套话的人，在人际交往中会如鱼得水。对于销售员而言，销售成功在很大程度上是建立在人际关系成功的基础上的。因此，销售员多学几种客套话，一定可以提升销售业绩。

为了能够真正把话说到客户的心坎上，销售员不仅要了解客户的需求、动机，还要对不同的客户有一个基本的认识，对不同类型的客户说不同的客套话，这样才能有的放矢，促进成交。

下面列出几种不同类型的客户，以及针对他们的不同应对策略，如果销售人员能够对这些类型的客户说好客套话，那么销售工作将会更胜一筹。

### 1. 沉默寡言型客户

有些客户话比较少，你问一句，他答一句。对于这种客户，你该说多少最好就说多少。这样做更容易使他成为你忠实的客户。

### 2. 喜欢炫耀型客户

有些客户喜欢炫耀，最爱听恭维、称赞的话。对于这种客户，听得越充分，称赞得越充分，销售成功率就越高。

### 3. 优柔寡断型客户

有些客户缺乏主见，较为消极被动，很难做出决定。对于这种客户，销售人员可以把主动权掌握在自己手里，多提一些积极性的建议，多说一些肯定性的话，从而使客户做出决定。

### 4. 知识渊博型客户

面对这种客户，销售人员应该不放弃机会，多注意聆听对方说话，客气而小心地听着，同时，还应给以自然真诚的赞许，这有助于达成交易。

### 5. 爱讨价还价型客户

有些客户特别喜欢讨价还价，对这种客户有必要满足一下他的自尊心，可以在口头上适当妥协，这样会使他觉得占到了便宜，从而使他感到满足。

6. 慢热型客户

有些客户就是不着急，假如他没有把一件事了解透彻，你就别妄想让他做出决定。针对这种客户，你千万不能急躁地向他施压，而应该给他充足的时间，慢慢达成交易。

7. 疑心重型客户

有些客户容易猜疑，销售员的说法往往会使他产生逆反心理。要想说服这种客户，表现出你的诚意是关键因素，或者让他感到你很重视他提出的问题。

说客套话没有一定的标准，也没有固定的形式，要根据当时的情况决定。销售员要谨记“到什么山上唱什么歌，见什么人说什么客套话”，并要灵活运用，切忌一成不变。

## 一开口就能叫出客户的名字

戴尔·卡耐基：“一种既简单又最重要的获得好感的方法，就是牢记别人的姓名。”记住客户的姓名，并亲切地叫出来，既是一种对客户的尊重，又是一种情感投资。

名字是一个人的代号。因此，每个人都希望别人能够准确无误地记住自己的名字。这含蓄地体现了每个人都希望得到别人的关心和注意。

名字是每一个人都十分珍爱的东西，如果你能够记住对方的名字，对方就会觉得自己受到了尊重。对待客户也是如此，如果某个销售员能够记住客户的名字，可以说，这位销售员将很容易抓住客户的心。

但是，在销售过程中，销售员们做得怎样呢？一项调查显示：至少有20%的销售员不曾询问过客户的姓名，而在剩下的80%的销售员中，至少有70%的人不曾为记住客户的姓名而努力。

对于销售员来说，记住一个人的容貌并不难，可要记住一个人的名字就不那么容易了，容貌是具体事物，而名字在本质上是一种抽象的存在。对于那些记得以前接待过的客户的销售员，很多人都会感到不可思议，而那些接待一次就能记住客户名字的销售员，则更是令大多数销售员佩服得五体投地。

记住客户的名字，就相当于拿到了打开客户心扉的钥匙。因此，不管推销是否成功，都请记住客户的名字。对于没能成交的客户，隔一段时间见到后，如果你能准确地叫出他的名字，他就会非常开心，也许以后就成了你的忠实客户。对于已经成交的客户，隔一段时间见到后，如果你能准确地叫出他的名字，他就会非常满意，也许会再从你这里买点东西。因此，花点时间和精力记住客户的名字是很有必要的一件事。

那些取得大成就的人都懂得一个道理：记住别人的名字能给自己带来很大的帮助。他们明白，赢得他人的好感不需要懂得多么高深的理论，只需要牢记一个简单的法则——记住别人的名字，就已经足够了。迅速并准确地喊出对方的名字，说明了你非常关心他。

就像人际关系大师戴尔·卡耐基说的那样：“记住对方的名字，并把它叫出来，等于给对方一个很巧妙的赞美。而若是把他的名字忘了，或写错了，就会处于非常不利的境地。”

请看下面一个案例。

魏先生是一名复印机销售员。一天，他匆匆走进一家公司，找到经理室后推门进屋，说：“您好，王先生，我是××公司的推销员小魏。”

“王先生？你找错人了吧。我姓李，不是你要找的王先生。”

魏先生一脸尴尬，连忙道歉说："真是不好意思，也许是我记错了。我想向您介绍一下我们公司的复印机产品。"

李先生一脸不耐烦地说："我们现在还用不着复印机。"

"李先生，我们有各种型号的复印机，这是产品资料。"魏先生把资料在桌上摊开，说，"您看，这都是很好的产品。"

没等魏先生深入介绍，李先生就已经不耐烦地摆摆手，说："抱歉，我对这些产品没兴趣。"

最终，魏先生只好离开了。

记住他人的名字是一件非常重要的事。天才销售员吉拉德有着很好的记忆力：就算是五年没见的客户，只要再次遇见，吉拉德也能立即叫出对方的名字，让客户觉得吉拉德一直都记着他。因此，销售员一定要牢牢记住客户的名字和容貌。

姜小姐是某银行投资理财部的业务经理，从事投资理财业务已五年有余。

有一天，姜小姐对一位前来办理投资理财业务的客户说了一声："刘阿姨，您好！"客户眼睛忽地一亮，显得非常激动："小姑娘，你还记得我?！"姜小姐微微一笑："刘阿姨，您是我们的老客户了，我怎么会不记得您呢？"

客户办完手续后，没有像以往那样很快离开，而是向后面排队的客户讲起姜小姐的种种优点来："小姜这小姑娘服务态度可好啦，总是和和气气的，她的办事效率也是一流的！"这话引得众客户频频点头，纷纷对姜小姐投来赞许的目光。

姜小姐一句很平常的话，竟然带来了意想不到的效果，其中的奥妙就是记住客户的名字，顿时拉近了与客户之间的距离，令人倍感亲切。

由此我们可以看出，一个最简单、最明显、最重要的表示尊重的方法，就是记住对方的名字。记住对方的名字，即会使对方觉得他重要，同时也会让你获得对方的好感。

销售员要做到准确地记住客户的名字，可以使用以下几种方法：

### 1. 拜访前先了解清楚

拜访客户前，我们务必要知道这个人叫什么名字，如果不知道，至少也要知道姓什么。

### 2. 用心听，用心记

第一次与客户接触时，就要知道客户叫什么名字，假如没有听清楚，可以让客户再说一遍。

### 3. 用笔记在本子上

好记性不如烂笔头。所以，对于客户的姓名、联系方式等重要信息可以记在本子上防止遗忘。

### 4. 不断重复，加强记忆

第一次见面时，在沟通过程中可以多叫几次对方的名字，这样可以加强记忆。

此外，假如你遇到不确定是否能发音正确的名字，可以问："您的名字我念得对吗？"假如客户的名字不好记，可以问问他的名字是怎么来的。

再次见面时，要叫出客户的名字，假如没有把握叫对客户的名字，可以试探地问："抱歉，请问您是××先生吗？"千万不能随便叫，以防叫错客户的名字。

在客户说自己名字的时候，你可以跟着重复一遍；也可以将你记忆的名字与客户的相貌相对应，心里重复它们之间的联系并且记忆多次；还可以在交谈的过程中，多叫几遍客户的名字；等等。这些方法都可以帮助你记住客户的名字。

## 说客套话“礼”字当头

和客户沟通时要有礼貌，这既是对客户的尊重，又能为更好地沟通打下基础。相信大家都会喜欢有礼貌的人，因此和客户沟通时，要多运用“请”“谢谢”“劳驾”“请教”“拜托”之类的礼貌用语。

使用礼貌用语，实际表达的是独立个体之间的尊重和理解。所以在销售时，业务人员务必要巧用礼貌用语。因为礼貌用语是业务之门的敲门砖。

在人际交往中，人们经常使用“你好”“请”“谢谢”等礼貌用语，这对于销售员来说尤为重要。因为销售员与陌生客户之前没有打过交道，两个人之间必然存在一定的距离感，而这显然不利于销售的顺利进行。交易前要解决一个问题，即努力缩短与客户之间的距离，而要解决这个问题并不是一件特别困难的事情。可能一句礼貌的话就可以让销售员轻易赢得客户的好感，打开客户心灵的大门。

比如，销售员见到客户时，往往会说："您能在百忙之中抽出时间来见我，我非常感谢！"简简单单的一句话，既表达了销售员对客户的感激之情，又表现出了销售员的修养，同时还满足了客户渴望被他人尊重的心理需求。如此一来，客户就会逐渐对销售员心生好感，从而乐意进行深入的交流。

在销售过程中，如果你善于说礼貌用语，你和客户的关系很快就会变得融洽。反之，如果销售员与客户打交道，说话不得体，甚至是说粗俗语言，那么，客户会立即转身离开。

小雪在小区内开了一家玩具店。一天，一个小女孩来到她的玩具店，小雪看到小女孩长得很可爱，就想逗一逗她，于是顺口就说："小屁孩，你想买什么呀？"

小女孩看了看她，说："我才不是小屁孩呢！阿姨不懂礼貌，我不买阿姨的玩具了。"说完，转身就跑了。

小雪笑了笑，认为是小孩调皮，就没放在心上。

过了一会儿，一位老大爷来到店里，在男孩喜欢玩的玩具前看了很久。小雪猜测老大爷很有可能是给自己的孙子选玩具的，于是主动打招呼："老头儿，我建议你买玩具汽车，现在的男孩子都喜欢玩这个！"

手中正拿着积木的老大爷听了，什么话也没说，放下玩具就离开了。

案例中的小雪不懂礼貌，说话粗俗，从而招致客户的反感。要想让客户认可你的产品，首先要让他认可你这个人。调查发现，没有素质、不懂礼貌的销售员是最不受欢迎的，而素质好、修养高的销售员更容易赢得客户的好感，也更容易赢得客户的信赖。请你想一想，谁会从没有素质的销售员那里购买产品呢?

在销售过程中，通常会用到的礼貌用语有很多，如“你好”“谢谢”“很抱歉”“别客气”“请多关照”“合作愉快”等，在使用这些礼貌用语时，需要注意下面几点:

### 1. 语气温和，注意音量

销售员语气要温和亲切，音量不能太高，也不能太低，否则，客户就很难对你产生好感。

### 2. 态度谦恭，注意神情

销售员要注意自己的仪表和神情，保持谦恭的态度，既不可将姿态抬得太高，又不可将姿态放得太低。假如将姿态抬得太高，说话就会趾高气扬，就算说话很有礼貌，也会给对方一种傲慢的感觉；假如将姿态放得太低，说话就难免卑微，此时说话有礼貌会给客户留下溜须拍马的印象。

### 3. 语言要有分寸

销售员使用礼貌用语一定要有分寸，既不能说得太多，又不能随便省略。要想做到说话有分寸，还必须留意说话的面部表情、肢体动作等非语言因素。

总而言之，销售员和客户沟通时一定要谨记，礼貌用语必不可少，而且也得记住使用礼貌用语的注意事项，这样才能给客户留下好印象，并拉近与客户之间的距离，从而实现成功销售。

与客户沟通一定要有礼貌，千万不能随意打断客户说话，因为这种行为是对客户不尊重的表现。因此，不管客户说话多没意思，你多不想听，都要等他说完后再开口，而不要打断他。

# 说好客套话，帮助会很大

俗话说："万事开头难。"销售员要适当运用一些技巧，说好客套话，与陌生人套近乎，从而快速拉近距离，为销售创造一种良好的氛围。

经过一个月的培训，某灯具销售公司员工郑先生学会了一些销售知识。刚走上销售岗位，郑先生要去拜访第一位客户。郑先生在参加培训时学习到，见到客户后一定要有礼貌，要说一些客套话，以拉近与客户之间的心理距离。做好周密的准备后，他敲响了客户的门。

客户出门相迎。郑先生彬彬有礼地问："请问您是胡先生吗？"说着，郑先生伸出了手。

客户礼节性地和他握了握手，答道："没错，请问你找我有什么事吗？"

"很高兴能够认识您，冒昧地打搅您。"

“我也很高兴能够认识你，有什么事情尽管讲。”

“占用了您的休息时间，我很过意不去，真是抱歉。”

“哦，没关系，请问你有什么事吗？”

郑先生看了看屋内的摆设，夸奖说：“看了您屋里的摆设后，我发现您是一个特别有生活情趣的人。”

客户明显不耐烦了，问：“感谢你的夸奖，可是你究竟有什么事呢？”

“您能抽出时间跟我说这么多话，我再一次表示感谢。不过，我想再耽误您一点时间。”

“够了！你已经耽误我很多时间了！”客户变得十分烦躁，把门“砰”的一声关上了。

直到此时，郑先生依然不明白为什么会这样，心想：莫非是因为我还不够礼貌吗？

客套话确实能拉近与陌生人之间的心理距离，但过度的客套话只会带来负面作用。郑先生的失败就在于此。客套话是为了表示对对方恭敬或感激，但在运用时要适可而止，千万不可过度。

许多人片面地认为，多说客套话只有好处，没有坏处。其实，说客套话是一把双刃剑。一方面，适度的客套话可以让不熟悉或不那么亲近的人感受到你的礼貌和敬意；另一方面，过度的客套话往往会破坏融洽的气氛，反而阻碍了沟通。

因此，客套话只有说好，才会在与人沟通时带来帮助。过度的客套话只会适得其反，案例中的郑先生就是一个很好的反例。那么，该如何说好客套话呢？

1. 态度要真诚

客套话是建立在真诚的基础上的，所以说的时候一定要充满真诚。

2. 把握好运用时机

客套话一般只用于第一次见面，熟悉之后再见面就要尽量少用。

3. 避免说空话

客套话不是吹捧的话，而是要引出正题。所以，在表达客气的同时，不妨向他人道明你与他说话的本意，这样会显得更自然，更容易拉近彼此间的距离。

客套话是语言艺术中的一种，是尊重别人的表现，体现出个人的涵养。不过说客套话要看场合，而且客套话并不是说得越多越好，否则只会适得其反。每个人的关注点和兴趣点各不相同，我们说客套话时自然要有一定的针对性，不能千篇一律。

## 多一点人情味，就多一点成交的机会

有一位销售专家说过："销售的98%是对人的理解，2%是对产品知识的掌握。"可见，销售的功夫在销售之外。因为人都是有血有肉、有感情的，销售员理应用情感去打动客户。

我们先来看一个案例。

作为一名服装导购员，小江始终信奉"做导购就是千方百计把衣服卖出去"的理念，他觉得客户付了钱就意味着导购员的服务结束了。不过，最近发生的一件事情彻底改变了她的看法。

事情的经过是这样的：几天前，一对姐妹来店里买衣服，她们各自选中一条中意的裙子，姐姐挑的是一条米黄色的连衣裙，妹妹挑的是一条粉色的短裙，衣服穿出来，效果非常好。

姐妹二人很快就决定购买，不过姐姐提出一个请求："我们买了两条，能打折卖给我们吗？"

"两位美女如此支持我们的生意，理应打折，这样吧，两位的衣服都打九八折。"

于是姐妹二人结账离开。走到门口时，姐姐不满地对妹妹说："原以为这个导购挺好的，没想到买了衣服后连句'慢走'都不说。"

妹妹也不满地对姐姐说："人就是这样，反正已经赚了你的钱，还跟你客气干吗呢？"

小江在无意间听到了姐妹二人的谈话，心里很不是滋味。这时她才知道，原来客户付了钱并不意味着导购员的服务已经结束，还要把客户礼貌地送走。

在实际生活中，有很多导购员都犯过案例中小江犯的错误，在客户离开时没说礼貌的送别话语。礼貌的送别话语虽然可能只是简短的几句话，但是说与不说给客户的感觉是截然不同的。也许你没说客户觉得没什么，但是如果你说了，客户就会觉得你有人情味，不会觉得自己付完钱在你眼里就没价值了。

一个懂得尊重别人、关怀别人的销售员才是一个合格的销售员。做一个充满人情味的销售员是迈向销售巅峰的第一步。

销售员要时刻站在客户的角度，真正关心客户的想法与需求，急客户之所急，想客户之所想，问客户一些体贴的、暖心的、感性的、关怀的问题。比如："从电视上看到贵地最近降大雪了，给您打个电话，您出行要多注意安全。"

一天，一位中年妇女走进吉拉德的汽车展销室。她告诉吉拉德，她去福特汽车销售商行想买一辆白色的福特车，和她表姐开的那辆要一样，可是福特车行的经销商让她一个小时之后再去，所以她先到这儿来瞧一瞧。

吉拉德微笑地说："夫人，欢迎您来看我的车。"

那位中年妇女兴奋地告诉他："今天是我五十五岁的生日，想买一辆白色的福特车作为自己的生日礼物。"

"夫人，祝您生日快乐！"吉拉德热情地祝贺她。随后，他轻声地向身边的助手交代了几句。

吉拉德领着夫人慢慢走过一辆辆新车，一边看一边介绍。当来到一辆雪佛莱车前时，他说："夫人，我发现您对白色情有独钟，而这辆双门式轿车也是白色的。"就在这时，助手走了进来，把一束玫瑰花交给了吉拉德。吉拉德将鲜花送给妇人，再次祝她生日快乐。

那位妇人十分感动，眼含热泪地说："先生，非常感谢您，我已经很久都没有收到过礼物了。刚才那位福特车的推销商见我开着一辆旧车，肯定觉得我没能力买新车，因此当我提出要看一看车时，他竟然推辞说要出去收一笔货款，所以我才来了您这里。现在想一想，我并不是非得买福特车。"

果然，这位妇人在吉拉德那儿买下了那辆白色的雪佛莱轿车。

乔·吉拉德认为，卖汽车，人品重于商品。一名成功的汽车销售员，多一点人情味，就多一点成交的机会。正是这种富有人情味的服务，为乔·吉拉德创造了空前的效益，使他的营销取得了辉煌的成功。

人都是有感情的，这就要求销售员在与客户的交往中要有浓厚的人情味，感情上融洽了，成交也就变得顺利多了。

销售员一定要动情，要懂得如何感动客户。因为客户不只是需要你的产品，还需要尊重。很多人都能提供类似的产品，可是尊重却不是从每个人那里都能获得的，所以，客户最喜欢有人情味的销售员。

# 第六章
# 说好专业话

## 先做产品行家，后做产品卖家

当销售人员费劲口舌，客户仍然不听、不信、不买账时，销售人员怎么办？赢得客户的信任是关键。想让客户从识货、认货到买货，就必须拿产品来说话。当买家遇到行家时，产品自然完胜客户挑剔的眼光和摇摆的心！

## 精通产品知识，客户才会信赖你

每一位客户都希望销售员能够提供有关产品的详细知识与信息，以便更全面地了解产品的特征与功用。如果一个销售员一问三不知，就很难赢得客户的信任，产品自然很难卖出去。

先看下面一个案例：

销售员小刘去拜访采购经理孙先生时，将公司生产的样品放在孙先生面前的桌子上。孙先生看了看说："你们的产品还需要让设计部门看一下外观，这样吧，其他品牌的样品都在会议室的桌子上放着，你们的产品也放在那里吧！"

小刘只得把样品拿到会议室，却发现会议室的桌子上已经摆了十几个品牌的同类产品，而自己带去的样品在外观上并不占优势。

小刘将样品放下后，没有立即离开，而是逐一看了看桌子上摆放的样品，然后走过来对孙先生说："您好，孙总，我刚才看了一下会议室桌子上的样品。"

"哦。我们准备先选产品的外观，需要等设计部经理回来后筛选一遍，淘汰几个品牌，所以你现在给我讲这些也没用。"孙先生回答道。

"嗯，您说得对，产品的外观的确非常重要，因为现在的消费者也很重视外观。不过，其他因素也得考虑。我刚才看了一遍样品，从品牌产地的角度分析，你们那里摆的有两个品牌属于国外品牌，但他们都在国内生产，比如其中一个品牌的产地就离咱们城市不远。其他的都是国内品牌，其中有三个品牌属于第一产地生产，因为那里的陶瓷行业发达，国内好几个大品牌的工厂都设在那里，那里生产的产品稳定性好，设计上有自己的特色，就是价格高了点；此外，大约有十个品牌的产品属于第二产地生产，那里也是产品重要的生产基地，不过大多是小厂，产品外观设计还不错，价格也合适，只是产品质量肯定不能跟第一产地生产的相比。还有几个牌子的产品属于新生代的产品，他们以前是生产别的产品的，但由于发现这个行业的发展前景好，这两年也做这个行业，不过刚开始生产，可能经验还不是很丰富。至于剩下的品牌，我就不建议您选了，因为他们甚至没有自己的工厂，都是代加工的，不过是拿别人生产出的零部件组装出自己的产品，产品质量可想而知。"

小刘说得头头是道，孙先生听后，满意地点了点头。

小刘接着说道："假如您主要是想选择稳定性强的产品，那么我建议您一定要拆开产品了解细节，而不能只盯着产品的外观。您哪天有时间的话，我把我们的产品拆开给您看看怎么样？"

就这样，孙先生和小刘约好了时间。通过小刘对产品细节的介绍，孙先生对小刘公司生产的产品产生了浓厚的兴趣。

通过上面的案例，我们可以看出，销售员小刘因为对产品十分了解，成功地给客户留下了专业的印象，赢得了一次产品讲解的机会，在这个项目中，已经领先于其他竞品的销售人员。

了解自己公司的产品和所处的行业，这是成为优秀的销售员最基本的素质。销售员起码要做到能够把公司产品的宣传手册、宣传资料和要求掌握的产品知识倒背如流，这样到了客户那里，聊起自己的产品才会如数家珍，而不是“一问三不知”。

从某种程度上来说，销售人员对自己的产品熟悉的程度直接表现出他敬业的程度。而且销售人员必须精通产品知识，因为这是一项必备的素质。销售人员既要口才好，又要牢牢记住产品知识，这样才能把产品推销出去。

尽管销售人员由于行业不同，需要精通的产品知识也不同，但是各行各业都是相通的。下面我们就从实战经验中总结一些方法，仅供大家参考，以便少走弯路。

**1. 精通产品知识**

销售员只有了解并且熟知产品知识，才能为客户准确地介绍产品。产品知识一般包括产品性能、价格、原理、规格、参数和专业术语等。

相关知识主要有产品相关属性、产品使用注意事项、相关法律法规。产品使用注意事项包括使用范围、不良后果和保质期等内容。销售员不仅要会介绍产品的性能、特点，还要能亲手操作。对于需要安装的产品，销售员还要了解产品的安装与使用知识。

### 2. 熟知行业知识

客户购买产品前，往往会货比三家。这就要求销售人员要有丰富的行业知识，有能力为客户提供比较好的行业知识参考，如果客户有需要，可以将自己的产品和竞争对手的产品进行优缺点对比。

有些销售人员未必能做到这一点。因为行业知识太多，大到要了解竞品，了解所在行业的发展历程和未来趋势；小到要了解如何选择一个零配件的供应链，对竞品的产地进行分析。与客户沟通时，这些知识也许会在不知不觉间发挥作用。

### 3. 了解企业知识

销售员不仅要销售企业的产品，还代表着企业对外的形象。因此，销售员应该特别了解企业，就像了解自己的家一样。只有这样，客户才能感受到你对企业的认同，才能感受到你的自信，进而相信你推荐的产品并愿意购买。而如果你给客户一种萎靡不振的印象，那么客户就会觉得这是一家不怎么样的企业，也就不会购买这家企业的产品。

相对公司的整体业务，销售业务不过是其中的一个环节。在工作中，销售员离不开其他部门的配合与支持，因此，你只有了解企业的情况，尤其是企业的运行机制，才能更清楚你能为客户争取什么，不能向客户做什么样的承诺。只有做到这一点，销售员从事销售工作才能得心应手。

掌握丰富的产品知识是销售员成为销售专家的前提。只有掌握丰富的产品知识，销售员才能满怀信心地推销自己的产品，及时解答客户提出的问题，给客户一个满意的答案，并成功赢得客户的信任。

## 像专家一样说话，激发客户的购买欲望

对于销售员来说，最重要的就是赢得客户的信任，使客户最终购买产品。这就要求销售员不仅要具有高超的说话技巧，还要像专家一样说话，从专业的角度去介绍产品，这样才能赢得客户的信赖，激发客户的购买欲望。

商场里出现这样的一幕：

“导购员，这台洗衣机为什么比那一台贵那么多？”一位客户问。

“因为这一台比那一台要好些。”导购员回答道。

“这个我清楚，可我想知道的是，到底好在哪里？它有什么突出的优点，竟然值那么多钱？”客户不依不饶。

“嗯，这个我不清楚，我只负责卖。”

销售员不能只想着赢得客户的好感，实际上，赢得客户的信任更重要，因为你的最终目的是让客户购买你的产品。所以，销售员必须掌握有关产品的专业知识。客户通常希望和知识面广、受过良好教育、专家型的销售员打交道，却不想和一知半解的销售员打交道，认为那只是在浪费时间。

所以，销售员必须要让客户觉得你很专业，有能力用产品和服务帮助他们解决问题。况且如今很多客户本身就是专家或半个专家，一旦他们对某种产品有需求，就会尽可能多地去了解相关的知识，此时如果你缺乏专业知识和能力，又怎么可能让客户信赖你呢？

刘强是一家汽车销售公司的销售员，他在公司的销售业绩每月都领先于其他同事，因为刘强拥有很丰富的汽车专业知识，令客户心服口服，赢得了不少客户的信赖。

一天，有一位客户来看车。刘强热情地迎上去，给客户介绍了公司不同车型、不同品牌的汽车，最后客户看中一款车型，但是他对车的发动机的性能不怎么满意。

刘强打开了发动机舱盖，启动发动机。然后，倒了半杯水放到发动机盖上，接着，他踩油门给发动机加油，发动机的转速从每分钟一千多转逐步上升到每分钟五千多转。

踩油门加速时，刘强请客户盯着放在发动机上的水杯，同时请客户仔细听。大约五分钟后，刘强问客户发动机的质量如何。

客户笑而不语。刘强告诉客户，他修过很多年车，凭他的经验，车子好不好关键在于发动机的好坏。而要判断一个发动机好不好，只需要看发动机的振动幅度和噪音大小这两个方面就可以了。

衡量发动机的性能，发动机的振动幅度是一个重要指标。通常发动机振动性越小，表明它的制造精度和装配工艺越好，使用起来更加可靠，寿命也更长。

那么，怎样判断振动幅度呢？只需要看一下水杯里面的水就能判断出：假如振动得非常严重，杯子里的水就会抖动得特别明显，甚至会有水溅出来；假如发动机振动得不严重，杯子里的水就几乎不会抖动，而且发动机越好，转速越大，抖动越小。

最后，刘强对客户说，这款车型的发动机振动性能表现得很好。很多装配有这款发动机的其他车型的用户说，实际使用中，这款发动机的使用寿命能达到四十万到六十万公里，是普通发动机的2～3倍呢！

此外，有两种方法可以听发动机的工作噪音：一种是在怠速的时候听，二是一边提速一边听。但凡声音不均匀或有杂音，就说明这款发动机的进排气系统匹配性和装配工艺不是特别好。出现这种情况，千万不能买这款车！

客户听完刘强的这段讲述之后，对刘强的专业知识佩服得五体投地，说学到了不少与汽车相关的专业知识，最后很满意地买了这款车。

假如说销售95%靠的是热情，那其余的5%靠的则是产品知识。一旦销售员成为产品专家，就可以回答客户提出的各种问题，能准确地说出产品的特点，熟练地向客户展示产品。只有掌握了丰富的专业产品知识，才能充满信心，有足够的热情，从而成为销售专家。如今，很多顶尖的销售员最自豪的并不是他们的销售业绩，而是他们在产品和服务方面的丰厚知识无人可比。

专家式、顾问式的销售员往往是客户比较喜欢的。相比客户，销售员掌握更多信息和知识，专业程度更高，这是一大优势。因此，销售员不能把产品卖出去就不管了，还要考虑产品在客户的生活和工作中是否能发挥最大限度的作用，让客户感觉产品物超所值。

因此，作为一名专业的销售员，在进行产品介绍时，必须懂得较为科学的介绍方法。

### 1. 介绍过程要简单明了、思路清晰

可以采用带段落标识性的语言进行介绍，比如第一点、第二点……每一点都要用尽量简短的几句话进行概括性的说明，这样客户就非常容易跟着销售员的思路去听和记忆。

### 2. 抓住产品重点去介绍

在做产品介绍的时候，不要想到什么就说什么，不分主次，让客户听得云里雾里。销售员需要找到产品的重点和客户的需求，先对产品做简单的说明，然后主要说明产品的优势和性能，这样向客户做产品介绍，才能达到更好的效果。

### 3. 从客户的角度去做产品介绍

做产品介绍的时候，不要总是说产品怎么好，这不是每位客户都愿意听到的。销售员需要根据客户的情况，从客户的角度去介绍产品，这样才能让客户满意。

### 4. 使用多媒体或是实物演示

做产品介绍的时候，不仅要会说，还要注意使用多媒体等设备，运用准备好的资料，做一个生动形象的演示，这样客户才能看得更明白，效果自然也更好。如果条件允许的话，还可以让客户去看实物演示，这样效果更好。

### 5. 客户认可了产品再谈价格

做产品介绍的时候，切忌一上来就谈价格，这样会让客户反感。需要等客户认可产品后再谈价格。

客户都喜欢从专家那里购买产品，所以优秀的销售员一定要成为产品专家。要成为产品专家，销售员必须了解自己所售产品的各种知识，尤其是技术含量越高的产品，越要对其进行了解。

## 让权威的产品数据帮助你说服客户

数据统计具有真实性、客观性，是我们评价销售额的重要依据。数字在很多时候都具有神奇的魔力，只要你在销售的过程中使用得当，它就能很好地帮你说服客户。

销售离不开数字，销售的最终结果是用数字来表现的，数字比文字更有说服力，因为数字比文字更具有客观性和权威性。如果文字是靠情感来打动客户的话，那么数字就是靠权威来说服客户。数字是信息的重要组成部分，它能让你的信息听起来更专业、更可靠。对客户来说，这样的信息也更具有说服力。

牛先生是一名出色的发动机推销员。最近他的公司研发出一款质量上乘的发动机，质量达到国际水平，该项技术还填补了国内空白。尤其是该发动机在运行中表面温度不会超过70℃，在国内同行中遥遥领先。

为了打开市场，公司选派了一批优秀的推销员去推销这种发动机，牛先生就是其中的一员。

牛先生带着公司的发动机和宣传册去见一位老客户。临行时，他深思熟虑了一番："虽然说该发动机技术在国内处于先进水平，但是其他国家也有同类产品，竞争对手有很多。如果我还像以前那样，单靠长久以来的交情稳固生意，恐怕就悬了。看来要想说服对方，我得换一种方法了。"

与老客户见面后，牛先生开门见山地说："亲爱的老朋友，我又来啦！这次给您带来一个好消息。我们公司最近研发出一款新型发动机，既能降低油耗，又能使工作温度比同类产品低5—10℃，从而能使发动机的使用寿命延长40%左右。不知您是否有兴趣听我详细介绍？"

老客户听到发动机工作温度低，能延长寿命，眼睛一下子就亮了，忙说道："真的吗？你仔细说来听听！"

牛先生一边说一边利索地打开宣传册，把相关数据一一指给客户看。每一个数据都非常准确，很有说服力，这完全归功于他的好习惯——他把公司的产品宣传册细化，产品的技术参数每一项都一目了然，从而让客户对产品有了全面的了解。为了让客户对产品心服口服，他还亲自在客户面前启动发动机，拿出温度计当场测试发动机工作时的温度。

发动机高速运转，温度计的温度显示一直在70℃上下浮动，客户在一旁观看，不自觉地竖起了大拇指。就这样，牛先生得到了老客户的继续支持，拿到了一张大额的订单。

从上面的案例中我们可以看出，牛先生之所以能搞定这位老客户，就是因为他在介绍产品时，结合了大量符合实际利益的数字来加以说明，这让他的话更具有权威性、专业性和说服力。此外，牛先生还亲自启动发动机，当着客户的面测试数据，测试结果显示，宣传册上的数据相当准确，于是客户更加相信他的专业性和权威性，成交就是水到渠成的事情了。

那么，数字究竟有哪些神奇之处呢？

首先，数字本身就是独特的卖点。准确的数字能为你的产品和服务“代言”，凸显出产品的独特性，从而让客户心动，淘汰竞争对手的产品，选择你推荐的产品。

其次，数字就是具体化。客户看到你的产品、服务的优点，自然会愿意与你合作。可是，优点是抽象的东西，只有用数字把它具体化，呈现在客户面前时，客户才会相信其真实性。

最后，数字能够赢得信任。数字，往往让你看起来更专业、更权威、更可信。即使你说得再动听，如果拿不出事实依据，那么客户也会觉得你在忽悠他。这时，你就要用一些数字来说明，它能让你树立起可信任的销售形象，从而使客户更加信任你。

因此，在销售的过程中，销售员要学会用数据来说服客户。不过，在运用数据进行说明的时候，要注意以下几个问题。

### 1. 数据要真实有效

使用数据最主要的目的是获得客户的认可，但如果数据本身的可信度比较低，如数据不真实、无中生有等，那么不仅缺乏说服力，反而会削弱客户对产品的信心。因为一旦客户发现这些数据是虚假或错误的，他们就会质疑产品，甚至认为你在欺骗和愚弄他。这种印象一旦产生，很快就会给销售员及企业带来极为恶劣的影响。

### 2. 数据要更新

在销售中，你所使用的数据都应该是最新的，因为市场在不断改变，产品的数据也在更新中。如果你还在向客户展示那些过时的、陈旧的数据，这不仅不能展现产品独特的卖点，反而会让客户质疑你的专业水准。

### 3. 数据要精确

精确的数据会引起客户的重视并增强客户对产品的信赖。一般来说，权威机构的证明不仅具有权威性，数据也更精确。所以，销售员应尽量使用权威机构的数据，这样才能赢得客户的信任。

### 4. 数据运用要选择合适的时机

如何发挥数字的优越性呢？在向客户介绍时要选择合适的时机，这会有更强的说服力。比如，当客户对你的产品质量提出异议时，你可以用准确的数据证明产品质量没问题，可以放心购买。

### 5. 数据不能滥用

有一点需要注意，借助数据说服客户时，销售员要懂得适可而止，不可随意滥用。假如你在销售过程使用过多数据，客户容易对你产生“冒牌专家”的印象，你也就很难赢得客户的信任了。

怎样才能强化运用数据的效果呢？专家强调使用数据说服客户时应注意这两点：假如可以带上小数点后的两位数字，就不要用整数；假如可以用精确的数字，就不要用模糊的数字。

## 巧妙揭短，适度说一些产品的“小缺点”

俗话说：“金无足赤，人无完人。”适当地暴露产品的不足之处，再主动打消客户的顾虑，强调产品的优势，往往会取得意想不到的结果，也更能赢得客户的信任。

在销售过程中，大多数销售员在介绍产品时，总是大肆称赞自己的产品，把话说得满满的，他们认为这样说产品会卖得快、卖得好。殊不知，这样一味地王婆卖瓜，自卖自夸，未必能让客户信服，反而会断了自己的后路。

其实，在这个世界上没有哪个产品是完美无瑕的，也没有客户会相信产品是毫无缺陷的，要么是价格不合理，要么是其他方面存在问题。因此，销售员需要巧妙地自揭其短，告诉客户产品的一些不足，以赢得客户的信任。如果只是一味地高谈产品的好处，反倒会让客户心生疑虑。

在风景优美的山边有一排厂房，已经搁置了两年多还未出租，因为离厂房五百米处有一条铁道，每天都有火车“轰隆隆”地飞驰而过，噪音特别大，所以很少有客户前来洽谈。

房产经纪人李女士临危受命，领导要求她在一个月内把厂房租出去。李女士分析了厂房的优点和缺点，做到心中有数。然后她拨通了客户刘先生的电话，因为刘先生之前嘱咐过她，让她帮忙留意下是否有厂房出租。

李女士约刘先生实地来看看厂房，刘先生看后表示愿意租下这个厂房。刘先生是李女士多年的客户，为了对客户负责，李女士据实相告，说：“厂房周边环境优美，不远处有高速入口，有一定的升值空间，但是距离厂房五百米处新修了一条铁路，有一定的噪音，不知您是否介意？”

谁知，刘先生听后哈哈大笑：“没关系的，我以前的厂房就在铁路旁边，对噪音早已适应了。不过我很欣赏你的诚实，竟然不惜透露厂房的缺点。”

很久没有销售出去的厂房却在一个星期内租出去了，李女士是怎么做到的呢？原来，她巧妙地讲出了房子的优点和缺点，让客户的心里做好了权衡，才完成了交易。

很多销售员都很诚实，虽然把产品的缺点告诉了客户，但是能让客户愉快地购买。如果不是正确地传达产品的特点，适时地阐明产品的性价比，客户又怎么会完全信任你呢？

不过，把产品的缺点告诉客户并不是要将产品的所有问题都呈现在客户面前，而是要有一定的技巧。需要注意的是，我们这里所说的产品的缺点，并不是指有质量问题，而是指虽然没有质量问题，但是相比同类产品处于劣势的特点，如样式陈旧、价格昂贵等。

常言道：有利就有弊。当我们遇到客户询问产品的不足时，不要回避问题，也不要和客户发生争执，而应承认产品存在的不足。然后，委婉地把产品产生不足的原因跟客户讲清楚，让客户做到心里有数。最后，再向客户讲明为了弥补产品的不足，会适当做些售后增值服务，这样客户就会感到物有所值。

所以，主动介绍产品的不足不一定会危害销售员的利益。与客户沟通时，适当提及产品的不足，反而能让客户感受到销售员的诚实，从而下定决心购买。

### 1. 坦诚更易获得客户信赖

人人都喜欢与诚实的人交往，因为不会担心对方欺骗自己。销售员要面对各种各样的客户，假如只强调产品的优点，刻意隐瞒产品的缺点，就会令客户产生怀疑。在很多情况下，主动提及产品的缺点反而显得销售员诚实，使销售员更容易赢得客户的信赖。

### 2. 善于利用缺陷，可以转败为胜

我们知道，每一种产品都存在不足，假如故意遮掩，只会导致沟通结果越来越糟糕；假如能利用好这些缺点，就能提高成交率。产品的不足没有想象中那么可怕，善加利用，不仅不会影响销售，还有可能成为产品的一个卖点。

### 3. 坦诚产品缺陷也有技巧

我们谈论产品的缺陷时用的方式不同，就会得到不同的效果。所以，主动提及产品的缺陷时，我们要注意运用一定的技巧。比如：对于那些能向客户透露的信息，要主动提及，不要等客户去问；对于那些不能向客户透露的信息，可以礼貌地告诉客户不方便说，而不能遮掩或搪塞。

在销售过程中，如果销售员巧妙揭短，适当地说一些产品的小缺点，不但不会让客户觉得产品不合格，反而让客户觉得你值得信赖，有利于促进交易。

# 第七章 说好赞美话

## 找准客户的软肋，对症下药

说话难听，吓跑客户；说话动听，打动客户。怎样让客户听到“销售”二字不再变脸色，而是主动掏钱购买？秘诀就是，多说好听的话，直到客户心动！

## 嘴上带点蜜，客户心里比蜜还要甜

赞美可以起到润滑人际关系的作用。销售员懂得赞美客户，是对客户的一种肯定，这能让客户放下戒备，从而使客户对你产生好感。因此，销售员可以利用这种心理，给予客户充分的肯定和赞美，说话嘴上带点蜜，客户自然就打开心扉了。

任何人都喜欢被赞美，比如聪明、貌美、有才等。听到这样的话，不管自己是不是真的有这样的特征，我们的心里都会泛起掩饰不住的喜悦，甚至是露出满脸微笑。

可见，喜欢被别人赞美是人们与生俱来的一种心理。而当听到别人对自己的赞赏并感到愉悦和鼓舞时，就会对说话者产生一种亲切的感觉，从而使彼此之间的心理距离缩短，人与人之间的关系也就融洽了。

作为客户，也是有虚荣心的，也喜欢听好话。因此，销售员每天在与不同的客户打交道时，要适时地讲一些赞美性的话语，这样才能令客户高兴，客户高兴了，销售成功的概率就提高了。

下面，我们来看一个案例。

徐女士是一家著名时装店的促销员。时装店在整条商业街上的位置不是很好，但生意却做得很是红火。

一天，一对情侣到店中看衣服，徐女士连忙热情招呼："您好，美女，本店新到一款时尚漂亮的连衣裙，我相信您一看到它就会有一种想要拥有的欲望。"

美女看了看连衣裙说："好是好，就是太贵了。"

"我想，您大概只看到价格标签了，您还应该看看这个。"徐女士指了指另一个标签，"这个牌子很有名，而且质量有保障，穿上这条裙子，您显得更有气质了。况且这条连衣裙是今年夏季最流行的款式。来，您试穿一下，我想您一穿上它，就舍不得脱了。"

等那位美女试穿完后，徐女士说："怎么样，感觉很好吧？"

"感觉很好，只是价格太贵了。"

"当您参加同学的婚礼或某个重要的宴会时，这条漂亮的连衣裙一定会给您增色不少，您说呢？"

说完，徐女士看看那位美女，又看看那位帅哥，说："美女，您真幸福，有这么英俊潇洒的男朋友陪伴，如再配上这条漂亮的连衣裙，走在街上肯定相当吸引眼球。"

徐女士的一席话说得这对年轻情侣心花怒放，最后决定买下这条价值不菲的连衣裙。

作为促销员，要想让客户买单，就要学会多赞美对方，让客户心情愉快。在友好、和谐、轻松的谈话环境中，客户就会渐渐放下戒备，对你所讲的话题感兴趣，也愿意和你交谈下去，这样成交的可能性就大大提高了。

美国商界奇才鲍罗齐说过："赞美你的客户比赞美你的商品更重要，因为让你的客户高兴，你就等于成功了一半。"从通俗意义上讲，销售绝不仅仅是金钱上的来往，它更是人与人之间感情的交流。因此，促销员应该在推销过程中适时地夸奖一下自己的客户，满足他们想被赞美的心理需求，客户就会很高兴地购买你的商品。

俗话说："良言一句三冬暖"。每个人都有渴求别人赞美的心理，人一旦被肯定时，总是喜不自胜。但是，赞美客户是有方法和技巧的，在赞美的时候应注意以下几点：

### 1. 赞美要发自内心

虽然每个人都喜欢听赞美的话，但并非所有赞美都能使客户高兴。只有那些基于事实、发自内心的赞美才能引起客户的好感；相反，不切实际、夸张且虚情假意的赞美，不仅会引起客户的反感，还会让客户觉得你油嘴滑舌、毫无诚信。

### 2. 赞美客户要适度

凡事应适可而止、恰到好处，赞美也不例外。比如，对一位黝黑的女客户说："您的皮肤真好，简直就像婴儿的皮肤一样，白皙光滑，细腻有弹性，真让人羡慕啊！"这样的赞美只会让客户怀疑你，觉得你并非真心实意。

### 3. 赞美方式要适当

面对不同的人要选择不同的赞美方式。比如，面对老年人应该多用间接、委婉的赞美语言；面对年轻人则可以用比较直接、热情的赞美语言；赞美严肃的人时语言应自然朴实，点到为止；面对虚荣的人则可以尽量发挥赞美的作用，满足其虚荣心。

在赞美客户时，语言要具体化，而不是空洞、含糊地赞美。例如，与其说“您穿上这条裙子真漂亮”不如说“您穿上这条裙子，身段更迷人了”。后者让客户感到你说话真诚，有可信度，自然心里高兴。

## 抓住客户的兴趣，迎合客户的喜好

要想做到在赞美客户时使客户高兴，就要了解客户的爱好，尊重客户的爱好，并赞美客户的爱好。如果你的赞美能够真正迎合客户的喜好，那么生意就跑不了啦。

在与客户交往的过程中，你肯定有过这样的体验：在与一个初次见面的客户谈话的时候，客户一般都心有戒备。为什么客户会拒你于千里之外，使沟通陷入僵局呢？因为客户与你存在一些分歧，无法找到共同语言。因此，如果你想赢得客户的好感，迅速拉近彼此间的心理距离，就要努力发现客户的兴趣所在，投其所好，赢得客户的肯定和认可。

迎合客户的喜好，是一种沟通的秘诀，也是一种心理迎合术。在销售沟通中，销售员应调动自己的知识才能以及各种优势，向客户发起心理攻势，找到客户的兴趣点，迎合客户的喜好，如此生意肯定跑不了。

江先生是一位销售建筑涂料的推销员。

有一次，他听说一位房地产开发商想要采购一大批建筑涂料，便前去谈生意。但是，很快就有竞争对手也去洽谈了。江先生认为还是有希望胜出的，随后便三番五次请求与开发商见面。那位开发商被江先生的诚意打动，终于答应与他见一面，但是时间只有五分钟。

时间如此短暂，怎样才能取得更好的效果呢？江先生决定在会见时使用迎合客户喜好的谋略，争取拖延时间，这样才能获得更多的交谈机会。但是他还不知道这位开发商有哪些兴趣和爱好，只好随机应变了。

江先生一走进房地产开发商的办公室，就被挂在墙上的一排书法字画吸引。他想，开发商一定喜欢书法艺术，于是便试探着与开发商谈起了最近举办的一次书法展。果然，开发商兴致勃勃地与他谈论起来，竟然谈了一个多小时。

临别的时候，开发商向江先生承诺，这个工程的一半建筑涂料和下一个工程的所有建筑涂料都由江先生所在的公司供应，并亲自将江先生送出门外。

案例中的推销员江先生就是抓住了开发商喜好书法的兴趣点，迎合他的喜好，从而取得了客户的信任，谈下了一笔大生意。因此，懂得迎合客户的喜好，就能与陌生的客户交流。

有人会说，故意迎合他人的喜好为人所鄙夷。但是与陌生客户交流时迎合其喜好，并不是不可告人的事情，它实际上是一种引导和激发客户兴趣的过程。因此，只懂得察言观色，抓住客户的心理特征，了解客户的喜好并对症下药，才能拉近你与客户之间的心理距离，从而为交谈做好铺垫。

那么，销售员怎样才能更准确地捕捉客户的兴趣点，迎合客户的喜好呢？

1. 根据装扮，推测其兴趣点

从心理学的角度来看，生活中每个人的装扮都透露出其个性和兴趣。因此，销售员细心观察、用心分析，便可以很容易地从客户的装扮所透露出的信息中捕捉到客户的兴趣点，进而进行有效的沟通。

2. 善于察言观色，了解其兴趣所在

在销售沟通过程中，应善于察言观色，通过客户的言语、表情及肢体动作了解其兴趣所在。例如，当客户说到某个事物眉飞色舞时，则表明那是他的兴趣所在；相反，如果谈到某个事物时紧锁眉头，或闭口不谈，则表明客户不感兴趣，或者不想谈及。

3. 分析男、女客户不同的兴趣点

一般来说，男性客户对股票、商务、运动、时政新闻、投资、网络等比较感兴趣，女性客户则对珠宝、时尚、美容、明星、音乐、影视剧等比较感兴趣。

俗话说，堡垒最容易从内部被攻破。销售员如果能够走进客户的心里，那么成功销售就不在话下。每个人都希望得到别人的关注，如果你能够发现客户的优点，谈论客户感兴趣的话题，迎合客户的喜好，便会赢得客户的心，从而成功销售。

## 满足客户的心理需求，赞美也需讲究方式

虽然有时赞美有奉承的因素，但是大家依然希望听到他人由衷的赞美。在销售过程中，销售员更需要去赞美客户，以满足其心理需要，从而有利于沟通。

俗话说：“送人玫瑰，手有余香。”赞美也是同样的道理。赞美是人与人之间沟通的润滑剂，如果能够运用好这种技能，往往可以取得意想不到的效果。

在销售过程中，赞美客户一定要自然、合理，做到赞美有度，让客户从不露痕迹的赞美中得到心理满足。否则客户就会认为你的赞美缺乏诚意，只不过是在讲奉承话而已，如此一来，客户反而变得不信任你，与你之间的距离变得更远。

一位客户在建材城内一款地板前驻留了很长时间，导购看到后对客户说：“您的眼光不错，这款地板是我们上个月的销售冠军，也是我们公司的主打产品。”客户问：“一平方米多少钱啊？”导购说：“这款地板折后的价格是一平方米160元。”客户说：“价格高了点，能再便宜点吗？”导购说：“您住在哪个小区？”客户说：“住在东方夏威夷。”

导购说：“东方夏威夷可以说是市里很不错的楼盘，小区的绿化很好，室内的布局不错，交通也方便。您选择这个小区，真是有眼光啊！”客户听了这些话，得意地笑了笑。

导购接着说：“您今天来得正是时候，因为我们公司这几天刚好有一个针对东方夏威夷和绿岛宜城的业主的促销活动，可以给您一个团购价的优惠。”客户兴奋地说：“太好了！不过我们小区到现在都没交房，不知道房子具体的面积，不知道还能优惠吗？”

导购说：“您不用为这个问题担心，因为您现在提货是没法优惠的，我们公司规定必须达到30户以上才能享受团购价，如果您今天预定，才是第27户，按照规定必须再凑3户。但是您今天可以先把定金交了，这样我就可以给您标上团购了。等您那边具体面积出来了，再告诉我就行。”

听了这话，客户把定金交了，一笔生意就这么做成了。

案例中的导购善于赞美，让客户心理上得到了满足，以至很快地交了定金。

在实际销售沟通中，销售员说服客户很困难，这时不妨先从发现和巧妙赞美客户的优点开始，使客户得到一种心理上的满足，等有良好的气氛时，你再说服，这时，他就会愉快地接受你的劝说。

比如，化妆品推销员上门介绍完产品后，女主人说："我已经有这些化妆品了，暂时不需要。"推销员笑着说："您长得这么漂亮，不化妆也没关系。"女主人听后哈哈大笑。推销员接着说："不过，您还是要防晒的，如果……"很快，女主人就买了一套化妆品。

渴望被人赞美是人的天性。赞美具有神奇的力量，而且基本上不用费太大的力气，更不用付出什么成本，你只需要稍微动动脑，用用心，说几句好话，效果就会很惊人。

不过，赞美是一种艺术，面对不同类型的客户需要用不同的赞美方式。赞美客户是否有效，关键在于选择的赞美方式是否适合，以及赞美的程度是否得当。

在实际销售过程中，销售员赞美客户应注意以下几个方面：

### 1. 要善于找到客户的亮点

赞美的话是说给客户听的，而只有赞美客户的亮点才能让客户感受到你是真心实意地在赞美他。因此，一定要找到客户的一些亮点。

### 2. 赞美要说到客户心里去

假如你的赞美正合客户的心意，客户就会更加自信，这是一种有效的方法，能迅速拉近与客户间的距离。可以说，只要你能把话说到客户心里去，就能起到很大的作用。

### 3. 最好借别人的口去赞美客户

赞美客户时最好能借助别人的口，那样显得更真诚。比如，你可以对客户说："刚才旁边的那个人说你非常有眼光。"

不能在一位客户身上重复使用同样的赞美，否则你的赞美就会贬值，客户认为你这不是赞美他，而是拿他取笑、开涮。

# 第八章 处理客户的异议



销售中的任何一个环节都可能遭到客户的异议，可以说销售的过程实际上就是处理异议的过程。只有妥善处理客户的异议，销售才能进入下一个阶段，否则，销售工作就会被迫中断。所以，销售员必须善于分析和处理客户的各种异议，将客户的异议转化为成交。

## 不论客户的异议是对是错，你都应该这样说

有异议表明客户对产品感兴趣，而感兴趣则证明有成交的希望。由于客户对产品不甚了解，所以说话可能有对有错。但无论如何，销售员都应该去处理客户的异议。

在销售过程中，也许你经常听到客户说出各种拒绝购买的理由。比如，客户可能会说：“价格太高”“对你们的产品需求不大”“我已经买了其他品牌”“产品的效果可能没你说的那样好”……这些都是客户的异议。

客户有异议是一种正常现象，实际上从心理学的角度来说，任何人内心都有自我防卫机制。许多客户面对推销时都会条件反射地表现出轻微的异议，习惯找各种借口拒绝购买。这种异议是一种本能反应，只是为了抵御销售人员的进攻，只要你能让他们感觉到你的诚意，你的产品和服务值得购买，他们的戒备心就会消除。

俗话说“嫌货人才是买货人”，也许异议是销售的开始。所以，当客户提出异议时，销售人员要坦然面对。

可是，有些销售人员把客户提出的异议错误地理解为是客户的故意刁难，于是针锋相对地回击客户，导致客户因自尊心受伤而选择离开。

齐女士是一家冰柜销售公司的推销员，她通过朋友介绍，大费周折地向一家超市销售了六台冰柜。

一个星期后，她再次前往那家超市销售。本以为对方会再购买几台，不料，超市采购员一见到她，就有点不高兴地说：“齐女士，我不能再从你那儿购买冰柜了，因为你们公司的冰柜质量真的不怎么好！”

齐女士惊讶地问：“为什么这么说？”

“你们的冰柜制冷效果不好，并且还忽冷忽热。”

齐女士一听连忙解释说：“我不同意您的意见，我们的冰柜制冷系统是严格按照国家相关标准设计的！”

采购员立刻生气地说道：“难道是我在欺骗你不成？”

“不是的，但……”齐女士意识到说错话了，连忙赔不是。

“别说了，我们再也不会购买你们的冰柜了，请离开！”采购员强硬地说。

结果，齐女士不仅推销失败，连解释的机会也没有。

从上面的案例中可以看出，处理客户的异议是对推销员的考验，而齐女士没能通过考验，她生硬地对客户的异议表示拒绝，失去了再次成交的机会。在销售过程中，出于各种各样的原因，客户会对销售员的产品表示异议，而不提异议的往往是那些没有购买欲望的客户。

所以，不管是什么样的异议，其实都表明了客户对所销售的产品已经产生兴趣。经验丰富的销售员不但会对客户的异议表示理解，还会把握机会促成交易。

那么，面对客户提出的异议，销售员具体该如何做呢？可以从以下几个方面着手。

### 1. 做好准备工作

面对客户的拒绝，销售员必须遵循“不打无准备之仗”这个基本原则。向客户介绍产品前，销售员要有心理准备，充分考虑客户可能提出哪些异议。有了心理准备，就算遇到难题，销售员也能沉着应对。反之，销售员就会不知所措，也就无法给客户一个满意的答复，成交也就不可能了。

### 2. 态度要诚恳

在面对客户异议时，销售员心情急躁、有点冲动是正常的。但是，这时销售员急需做的是态度诚恳，有耐心地倾听客户的异议，让客户觉得被尊重。这样客户才愿意和你交流，说出心里话。

### 3. 千万不要和客户争论

客户提出异议在传达一个信号——他需要更多的信息。假如销售员与客户争辩，找出各种理由反驳客户，最后销售员也许能在争辩中赢得胜利，但是也彻底失去了成交的机会。

### 4. 不要伤害客户的自尊心

即使客户提出的异议不明智、没道理，你也不应嘲讽和打击对方，伤害他的自尊心。如果你这样做，你就会失去这笔生意。

### 5. 选择适当的时机答复

面对客户提出的异议，销售员往往需要立即回答，因为这是尊重客户的表现，同时也能促使客户购买。不过，有些异议暂时不能回答或不方便回答，此时销售员要选择适当的时机答复。

销售员要尊重客户提出的异议，哪怕客户提出的异议是错误的、幼稚的。为了表示尊重，销售员讲话时要面带微笑、正视客户，并全神贯注地听客户讲话，而不要生硬地回答客户的问题，更不要伤害客户的自尊心。

## 客户的异议有真假，揭开客户伪装的面纱

在销售过程中，客户会提出很多异议，我们一一作答，最后有不少的异议被解决，但是也有些没有得到解决。没有得到解决的大多就是假异议，客户也许并不想购买产品，于是就有意提出一些假异议来刁难或者敷衍我们。

在销售过程中，客户一般会提出一些异议，但异议有真假，作为销售员，首先需要分辨客户异议的真假，然后有针对性地予以解决。

客户的异议一般有两种情况：

如果客户觉得当前不需要，或者对销售员推销的产品不满意，则说明异议是真的。比如，客户听熟人说保险销售人员所在的公司信誉度不高。

在一般情况下，假异议有两种：一是客户找借口，或者敷衍销售员，意在不让销售员知道自己的需求；二是虽然客户提出了很多异议，但是实际上他们对这些异议并不在意。

当客户拒绝你时，你要知道这种拒绝究竟是不是真的异议，也许有些异议只是客户的借口，目的是压低价格或争取主动。如果是假的异议，你就要改变话术或者忽视；假如是真的异议，你就要明白为什么会这样。

有时，客户会说“我先考虑考虑”之类的话推脱，遇到这种情况，你可以试探性地介绍另一种产品，征询他的意见。相反，如果客户总是说太贵，这通常不是客户的真正异议，他只是想在价格上得到较大的让步。

要想辨别客户的异议是真是假，有一个非常好的方法：你可以先给予客户肯定的回答，然后仔细观察客户的各种反应。一般而言，假如客户不理会你的肯定回答，那么就说明客户的异议是假的，他实际上在为其他因素忧虑。

针对客户的异议，销售员应及时调整策略。

请看一个事例：

胡先生计划购买一辆电动车，于是在一个车行里足足看了一个小时，依然没下定决心购买。推销员小李见胡先生这样，心中十分着急，不知道这位胡先生心里在想什么。她实在等不下去了，于是走上前去问胡先生：“先生，有什么地方需要我提供帮助吗？”

胡先生：“没错，我的确想请你帮个忙。”

推销员小李：“我觉得这辆车刚好满足您的需求，而且价格也合适，所以我不知道您为什么还犹豫不决，是不是有什么想法不方便说？”

胡先生：“没有，我不过是想再考虑一下。”

小李：“您不用有什么顾虑，有什么想法尽管说。”

胡先生："真没有什么想法，我只是需要时间好好想一下。"

小李："您已经想了这么久，却还没有做出决定，所以我猜测一定有什么原因让您觉得今天不能购车，不妨直接告诉我原因。"

胡先生："好吧，我实话实说……"

最后胡先生终于把自己的异议说了出来。

听到胡先生真正的异议后，推销员小李立刻给予答复："我也在想可能是这个原因，先生，谢谢您的坦诚……"

就这样，胡先生最终买下了电动车。

从上面的案例中可以发现，在销售过程中，出于各种各样的原因，客户往往会对产品表示异议，除了真正的异议之外，客户往往还会表达出假的异议，即不告诉销售员为什么他们不想买产品。很显然，如果销售员无法搞清客户真正的异议是什么，就无法说服他们，做不到这一步，就算销售员费尽口舌也无济于事。

可是，一些销售员往往会解答客户提出的所有异议，却不考虑客户提出的异议是真还是假，最后被客户的异议所困，上了客户的当。因此，当客户提出异议时，销售员要想一想异议的真假，客户是出于什么样的目的提出的异议。假如是真异议，我们就要耐心解答；假如是假异议，我们就要巧妙地避开。

销售员要辨别异议的真假，有时候还必须引导客户，以便发现客户的真实意图。在遇到真正异议之前，最好全面分析局势。同时，你可以提出一些客户没有想到的异议，在交谈的过程中套出他的真实想法。

那么，销售员该如何揭开客户伪装的面纱，判断异议的真假呢？

1. 反问法

反问法就是销售员在客户提出异议时反问客户，让客户自己解决其提出的异议。如果客户说："你们的售后服务不够好。"销售员可以反问客户："您比较认可什么样的售后服务？"假如客户说出了具体的要求，那么就说明这是真异议。

2. 假设法

假设法就是假设已经解决了这个异议，问客户是否会购买。如果客户说："你们的售后服务不够好。"销售员可以说："假如我们的售后服务能让您满意的话，您是否会购买呢？"假如客户说愿意购买，那么就说明这是真异议。

3. 转化法

转化法就是将客户提出的异议转化成产品的一个卖点。比如，客户说："你们的售后服务不够好。"销售员可以说："您担心这一点可以理解，毕竟我们的售后服务的确不够完美。不过您同时也应该注意到，我们的客户投诉量是最少的，这就说明我们的质量有保证。如果质量和售后服务让您选一个，您会选择哪个？"听到销售员这样说，假如客户点头表示同意，那么就说明这是真异议。

4. 第三方证明法

假如客户在产品性能和技术指标方面提出异议，而销售人员的回答又不足以使客户信服，那么就可以采用第三方证明法，比如国家权威机构的检测报告，正在使用产品的客户名单和联系方式，也可以邀请客户去工厂实地考察。假如第三方证明法依然不能令客户满意，则说明客户提出的可能是假异议。

### 5. 笑而不答法

客户提出异议时，销售员有时也可以微笑着点头表示同意，或者干脆装傻。在接下来的沟通中，假如客户不是一直揪住这个问题不放，那么就说明客户提出这个异议可能只是出于习惯，而不是真的异议。

在销售过程中，客户提出异议很常见。关键在于判断出客户提出的异议的真假后，销售员要能够充分发挥自己的个人能力，引导客户跟着自己的思路走，从而处理好异议。

在辨别客户的异议是真还是假时，必须要把握好交谈的气氛，切不可咄咄逼人，导致客户陷入窘境。无论客户是否购买，我们都要始终尊重客户，营造良好的销售氛围，千万不能和客户争得面红耳赤。

## 客户说“太贵了”，让客户明白“一分钱一分货”的道理

价格是销售过程中的最后一关，如果处理不当，即使有很低的折扣，客户也不会买单。相反，如果处理得好，就算没有折扣，客户也会乖乖地掏腰包，甚至满心欢喜，连声道谢。

在销售过程中，价格异议是最常见的异议，它是指客户因产品价格过高而拒绝购买的异议。绝大多数客户在购买商品时都希望得到更多的优惠，所以都习惯和销售员讨价还价。他们往往会说“这也太贵了吧”“我没带这么多钱”“为什么比别的东西贵这么多”“打点折吧，我下次还会来”，等等。

当客户提出这种异议时，销售员要准确判断客户对这件产品的喜爱程度，并判断这是真异议还是假异议，然后采取积极有效的应对策略，促使客户下决心购买产品。假如处理方法得当，就算不给客户打折，客

户也会购买；假如处理方法不当，就算给予客户很低的折扣，客户也不会购买。

所以，处理价格异议时，要按照步骤逐渐化解，促成销售，而不能与客户针锋相对。

有一位客户去某家用电器商场买电磁炉，当他看到价格后，脱口而出："哎呀，你们商场的电磁炉太贵了！"

推销员听了之后，并没有马上反驳，而是面带笑容委婉地对客户说："您说得对，很多客户开始时都和您的看法一样，即使是我也不例外。但您使用后就会发现，这个牌子的电磁炉质量非常好，您要是买一台质量差的，不但有安全隐患，而且只能使用一两年，相比之下这种电磁炉的性价比很高。"

在这个案例中，面对客户因电磁炉太贵而提出的异议，推销员先是表示与客户有相同的看法，使客户感受到自己得到了对方的理解和尊重，为推销员进一步亮出自己的观点，说服客户铺平了道路。

一般来说，客户都明白"一分钱一分货"的道理。当客户得知电磁炉价格高是因为质量好时，也就不会再持有异议了。相反，如果客户一提出异议，推销员就立即反驳："你错了，好货不便宜，你懂吗？"这样很容易伤害客户的自尊心，甚至惹怒客户，使客户愤然离开。

以上是最常见的一种消除客户价格异议的方法。即推销员在听完客户关于价格的异议后，先肯定对方的异议，然后再用事实委婉地否认或纠正。这种方法可以营造出和谐的谈话气氛，建立良好的人际关系。

请再看一个案例：

在某建材家居市场，一位客户欲买一套橱柜，但看到这里的标价比别处贵一些后，有些犹豫不决。

这时，一位推销员主动走上前，向这位客户介绍说："我们这里卖的橱柜与别人卖的不一样。请您看看，这木料、烤漆都是上乘的，做工也很考究，不仅结实，还很光亮。还有，我们的柜子比一般的要深10厘米，放物空间大6%。我们的拉门也比一般的精致、灵活、耐用，非常方便。另外，我们橱柜的台面是进口不锈钢的，耐用、结实，还不会留下划痕。这样一比您就知道，一般的橱柜与我们这里的橱柜不能相提并论。您多花一点钱可以得到更多的好处。"

客户听了推销员的介绍后，得知这里的橱柜有这么多的优点，也就不再犹豫了。

在这个案例中，面对客户提出的异议，销售员并没有着急答复，而是拿自己的产品和同行的产品做比较，让客户看到自己的产品在材质、设计、性能等方面的优势，从而让客户感受到物有所值。相反，当客户说"××市场比你们这里的价格要便宜"时，假如推销员说"那你就去××市场买"，这笔生意很可能就泡汤了。

总而言之，要消除客户对价格的异议，销售员可以找到各种方法，但是要在销售实战中根据客户面对价格的态度灵活调整自己的方法，这样才能更有效地消除客户的异议。

除了以上介绍的方法之外，下面介绍几种方法和技巧，与大家分享。

1. 给予优惠

一般来讲，如果客户认为产品价格偏高，很难接受，销售人员可以采用请求客户帮忙介绍客源，然后给予优惠的方式，让客户安心，使客户保持兴趣继续商谈或决定购买。

2. 对客户进行补偿

在某些时候，有的客户对价格不肯让步，这时销售员可以在力所能及的范围内，通过其他方式对客户进行补偿，满足其追求实惠的心理。如，给客户送些小礼物，对产品打折，等等。

3. 突出品牌价值

品牌，是产品的实力；品牌，意味着赋予产品更多的附加值，定价的空间自然比非品牌的大。所以，当客户认为产品价格过高时，我们可以指出产品的品牌优势。

4. 提供优质售后服务

售后服务好，也是产品价格高的理由之一，市面上一些价格高但依然卖得好的产品，除了质量好之外，售后服务功不可没。因此，销售员向客户承诺提供优质的售后服务，也可以消除客户对于价格的异议。

为了防止客户提出价格异议，销售时应先向客户强调产品的价值，即该产品能给客户带来哪些实惠和利益，当客户认识到产品的价值后，再谈及价格。客户对产品的购买欲望越强，对价格的考虑就越少。

## 反驳提出无理要求的客户，“该出口时就出口”

如果客户的异议是建立在误解的基础之上，而销售员又确信自己有能力说服客户，那么不妨直言不讳地亮出自己的观点，“该出口时就出口”。

在面对客户的异议时，大多数销售员都尽最大的努力去处理和解决异议，以满足客户的要求。但是，凡事也应有例外，对那些不知趣和提出无理要求的客户的异议，销售员应毫不客气地直接否认和反驳。

不过，反驳客户异议时必须做到有理有据。要科学地运用证据来说服客户，要根据客户的异议，弄清产生原因、真实意图，然后运用讲道理，摆事实的方法来说服客户。

需要注意的是，在直接否定客户看法时，销售员一定要注意语气和措辞，处理不好就会让客户恼羞成怒，直接离去。特别是对一些自尊心强、表现欲望强的客户，要尽量避免使用。

案例1：

客户："贵公司的交货时间经常延迟，非常糟糕，所以我不会跟你们合作。"

销售员："胡经理，您这么说似乎不够准确吧？不知能不能举一个例子？我接触的客户都觉得本公司的信誉非常好，在同行间口碑也不错。"

如果客户提出此类异议，销售员一定要直接否认，因为如果真有延迟交货、不守信用之类的异议，你这样说后客户一定可以举出实证；而如果客户只是听信传言，没有任何根据，你这样说后客户就会自己找台阶下，自然也就没有异议了。

案例2：

客户抱怨说："我听说你们公司的产品里面使用的是有害物质，你们的产品是骗人的！"

销售员义正词严地回答道："我公司的产品绝对无毒。你看，这是国家质量鉴定证书、生产许可证、营业执照、获奖证书……并且我们公司的产品已经在市场上销售多年了，消费者使用的证明是实实在在的，而且我们是正规企业，并接受国家有关部门的监督和检查，怎么会是骗人的呢？"

对于类似的问题，销售员不能含糊，也不能模棱两可，而要清清楚楚地反驳客户，这样才能让客户信任你。在反驳客户时，一定要注意用友好而温和的态度，以此来说服客户，这样可以让客户更信任你，从而增强客户对产品的信心。

但是，反驳客户提出的异议时，销售员要把握好度，注意以下几点：

### 1. 说话要委婉

反驳客户的异议，必然会在一定程度上引起客户的不快，为了避免触怒客户，销售员说话要委婉，语气要诚恳，面带微笑。切勿斥责客户或者挖苦客户。

### 2. 对事不对人

销售员在委婉说话的同时，还要考虑客户的感受，反驳意见尽量针对事情本身，而不要针对客户，这样可以尽可能减少客户不快的心理感受。

### 3. 尽量使用间接反驳

间接反驳客户，指的是销售员在听完客户的异议后，先肯定对方异议的某一方面，再陈述自己的反对意见。这种方式不容易使客户产生敌对心理，有助于客户接纳销售员的意见和建议。

在销售过程中，我们不能直接反驳客户，因为直接反驳客户往往会使销售陷入僵局，使客户产生敌对心理，不能采纳销售员的意见。不过，假如客户的反对意见来自对产品的误解，而且你有信心说服客户，那么就可以直接反驳客户。

# 第九章
# 做好售后服务

## 把“买卖”变为“合作”，赢得更多回头客

销售是一个有起点、无终点的连续活动过程，成交只是下次销售活动的开始，而不是销售活动的结束。赢得第一笔订单只是销售的开始，而做好售后服务，将客户发展成忠实的回头客，才是销售工作的重心。

## 做好售后服务，让每个人都愿意跟你做生意

产品卖出去了，并不意味着销售就结束了。售后服务时代已经到来，做好售后服务应是每一位销售员的职责所在。在成交之后，如果销售员继续关心客户，既会赢得老客户，又能吸引新客户，使生意越做越大，客户越来越多。

当产品成交之后，有些销售员认为这次销售已经结束了，万事大吉了。殊不知，成交并不是销售的终点，真正的销售从是售后服务开始的。

“真正的销售始于售后”，意思是说，在成交之后，销售员关心客户，向客户提供良好的服务，你的服务令客户满意，客户就会再次光临，并且会给你推荐新的客户，这样既能够保住老客户，又能够吸引新客户。“你忘记客户，客户也会忘记你”，这是成功销售员的格言。在成交之后，销售员要继续关心客户，了解他们对产品的满意程度，虚心听取他们的意见，对产品和销售过程中存在的问题采取积极的弥补措施，防止失去客户。

有的销售人员在说服客户购买时，信誓旦旦地向客户保证可以提供售后服务，后来却忘记了曾经许下的承诺，客户觉得你不诚信，又怎么会再次购买你的产品呢？如此一来，岂不成了“一锤子买卖”？

乔·吉拉德秉持“成交之后仍要继续推销”的观点，把成交当作推销的开始。每次和客户达成交易后，乔·吉拉德并不会把他们抛于脑后，而是继续与他们建立联系，恰当地表示对他们的关心。

乔·吉拉德的客户多达一万名，而他坚持每月给客户寄去一张贺卡。一月份祝贺客户新年快乐，二月份纪念华盛顿诞辰日，三月份祝贺圣·帕特里克节……只要是从乔·吉拉德那里买过汽车的客户，都能收到来自乔·吉拉德的贺卡，并牢牢地记住了他。

客户之所以能够牢牢地记住乔·吉拉德，就是因为他一直没有忘记客户。

重视售后服务是赢得客户的法宝。销售大师乔·吉拉德给每一位销售员树立了很好的榜样，同时也告诫我们售后服务的重要性。

销售界有一句至理名言：“没有售后服务的销售，在客户眼里是没有信用的销售；没有售后服务的商品，是没有保障的商品；而不能提供售后服务的企业和销售人员，最终也无法赢得客户的信赖和忠诚。”

售后服务是销售活动的一个重要组成部分，通过开展售后服务，可以满足客户的一些需求，并且增加与客户接触的机会，起到联络感情的作用。那么，作为销售员，该如何做好售后服务呢？

### 1. 经常回访

客户购买了你的产品，总会遇到一些难题，尤其是那些非常专业的问题，这就要求销售员要经常回访客户，帮助客户解决实际难题。

### 2. 提供新产品、新服务

在售后服务中，销售员可以为客户提供公司的新产品、新服务项目，让客户知晓和了解。这样销售员还可以从客户那里得到有关其他公司的一些经营信息，做到知己知彼。

### 3. 书信电话联络

当需要送给客户一些新资料时，可以附上便签用邮寄的方式寄给客户，这样客户会感到意外和喜悦。平时还可以利用微信、QQ等现代的通信工具与客户保持联系，偶尔几句简短的问候会使客户感到高兴，从而拉近与客户之间的距离。

总之，维系一个老客户比得到一个新客户所付出的代价小得多。作为销售员，我们往往醉心于那种“得到新客户的兴奋感”，而不愿意在已有的客户身上花费更多的时间。其实，这样做就好比捡了芝麻，丢了西瓜，是不妥当的。因为当前的客户是未来订单的优质来源。维系好现有的客户，不仅能维持当前的订单量，而且能有效拓展新客户，起到事半功倍的效果。

在产品同质化日益严重的今天，售后服务作为销售的一部分，已经成为销售员争夺客户的重要领地。售后服务工作做得好，满足客户的需求，客户的满意度会不断提高；反之，售后服务工作做得不好或者没有去做，客户的满意度就会降低，甚至会投诉销售员。

## 学会感情投资，你会得到高额的回报

人们常说：“受人滴水之恩，当以涌泉相报。”对于绝大多数人来说，投桃报李是人之常情，同样地，销售人员的感情投资也会得到回报。

销售员与客户之间的关系非常微妙，就像追求者与被追求者。一旦追到手，该怎样经营这段“感情”，是非常重要的一个环节。

俗话说：“感人之心，莫过于情。”感情投资是一门学问。每个人都是感性动物，也都需要感情投资。因此，销售人员要将自己的感情融入销售中，通过感情投资和客户建立牢固的伙伴关系。

需要注意的是，感情投资不是耍心眼，应抱着不求回报的态度，只有真心相待，客户才会真心对你。一旦买卖双方建立起亲密的关系，销售人员就有了长期、稳定的销售渠道，生意自然就好做了。

以感情投资提升客户服务，是销售员做好售后服务的方法和手段之一。实践证明，这种方法会赢得一大批回头客，你也会被称为“最有人情味”的销售员。

情景一：房子交付前的电话回访。

房产经纪人：“唐先生，您好，我是××楼盘的置业顾问小陈。您明天就可以看到您的那套房了，我打电话问您一下，明天需不需要我陪您一起验房啊？”

客户：“哦，真的啊？你明天有空吗？”

房产经纪人：“有空，我请了一上午的假，想专程陪您验一下房。买一套房不容易，我希望您能安心、放心地搬进这个新家。”

客户：“非常感谢你，那明天上午九点我们楼下见吧。”

情景二：客户入住之后的登门拜访。

房产经纪人：“唐先生，您好，今天是您的乔迁之喜，我冒昧地来打扰您，您不会介意吧？”

客户：“不会，不会，我很高兴你能来，太让我意外了。”

房产经纪人：“唐先生，唐太太，我带来了两盆盆栽，以前听唐太太说很喜欢蝴蝶兰，所以特地选了这种花，希望能为你们的新家增添一分美丽。”

客户：“你太客气了，快进来坐。”

房产经纪人：“唐太太，您真的很厉害，居然能把家里布置得这么漂亮，我们的样板房都比不上你们的新家啊！”

情景三：处理客户投诉之后的电话回访。

房产经纪人："唐先生，您好，上一次您跟我说新房有渗水的现象，不知道我们售后的同事去您家检修了没有？"

客户："哦，他们很早就来了。"

房产经纪人："渗水的问题处理好了吗？"

客户："嗯，他们忙了一上午，渗水问题解决了。"

房产经纪人："哦，那我就放心了。唐先生，给您造成这样的麻烦真的很抱歉，如果以后遇到什么问题，请您随时联系我。"

客户："好的，谢谢你，小陈。"

从上面的情景对话中我们可以看出，房产经纪人在客户签约之前热情相待、关怀备至，客户可能不会有非常深刻的印象，但是，如果客户签约了，人住了，甚至已经住几年了，房产经纪人仍然能与客户保持良好的关系，适时表达关怀，及时帮助客户，那么这样的售后回访与关系保持往往最能赢得客户的信任与好感。

优秀的销售员能够始终如一地为客户服务，不仅会做好签约前的销售工作，还会以感情投资提升客户服务。平常的一句问候、简单实在的一份小礼物、力所能及的一次援手，这些细节往往能将一位普通客户转变为忠诚客户。

在售后服务中，销售员销售与服务工作的核心就是与客户建立感情联系。那么，如何才能与客户建立起真正的联系呢？

### 1. 提供亲情服务，培养客户的归属感

通过开展亲情服务，为客户排忧解难，培养客户对公司的归属感。如在客户不方便的时候主动提供送货上门服务，关注客户的生日，在客户生日时给他送去诚挚的祝福，这样可以大大增进客户与我们之间的感情。

### 2. 学会关心客户的家人

销售员要学会关心客户的家人，平常与客户交流时，可以在对方不经意的谈话中记下其家庭成员的状况，比如生日、特殊的日子等，在适当的时候给予问候。比如：“您儿子今年高考了吧，一定考得不错吧？”诸如此类细小、亲切的问候，有利于拉近人与人之间的距离，营造温馨的气氛。

### 3. 沟通时注意细节

销售员在平时拜访客户、提供服务时，应当注意收集客户的点滴信息，用笔记下，不以事小而不为。在与客户沟通时，要懂得倾听，不要轻易打断客户说话，必要时还可以做一些笔记，既防止遗忘，又能向客户表明对他所说的话的重视。

其实，能让客户感动的行为往往是我们不经意间的行为，只要用心去做了，付出了真挚的感情，就一定能赢得客户的认可。同时，也能让客户对我们信任和依赖，从而得到高额的回报。

感情投资是人际交往的基础，进行感情投资时，人们不仅可以以物质利益为媒介，还可以以其他形式为媒介，比如一声问候、一次握手、一条消息等。这些虽然微不足道，但是通常最让客户感动，能在无声无息间极大地提升客户服务。

## 客户投诉不玩“躲猫猫”，应及时处理

销售员最怕遇到客户投诉。不过，假如你面对客户投诉时能保持沉着，不断学习技巧，总结经验，那么你一定能察觉到在实际工作中客户投诉对你的鞭策作用。

客户投诉是售后服务的一大话题，也是令许多销售员头疼的难题。松下幸之助这样说过：“人人都喜欢听赞美的话，可客户光说好听的话，一味地纵容，会使我们懈怠。没有挑剔的客户，哪有精良的产品？所以面对客户的投诉，我们要虚心求教，这样才不会丧失进步的机会。”因此，投诉对销售员来讲，是坏事，更是好事；是难题，更是机会。客户的投诉会促使销售员为客户更好地服务。

在接待投诉的客户时，刚开始你并不知道客户的投诉是否合理，所以销售人员应该耐心地听客户把话说完，无论投诉是否合理，销售人员都必须耐心地倾听、询问。在受理了客户的有效投诉之后，便进入了处理该投

诉的关键环节，此时销售人员应迅速地将投诉信息进行归类，分清具体应该由哪个部门负责解决，并将信息反馈给部门负责人。

做任何事都要讲究有始有终，因此，向具体部门反映问题后，千万不要就这样置之不理，而要时刻关注具体的进展，并在第一时间以打电话的形式告知客户，了解客户对投诉的处理结果是否满意。需要注意的是，回访客户时，要逐一回访，以免顾此失彼。

对待客户的投诉，千万不能躲、拖、哄、吓，这些都是无效的处理方式。要想真正解决客户的投诉，一定要及时处理，勇于承担，认真对待，这样才能让客户满意。

客户投诉往往是因为产品质量存在问题，或者产品质量虽然没问题，但是客户对产品不满意，于是要求退货。无论是哪种原因导致的客户要求退货，对销售员来说都是一个十分棘手的问题。有时，出现这种情况完全是客户的问题，和产品的质量毫无关系。于是许多销售员态度十分强硬，坚决不肯退货，最后客户产生了愤怒情绪，更加强硬地要求退货。

这不能说销售员不讲道理，但是销售员的处理方法确实欠妥。其实，销售员完全可以不对抗，而是改变客户对产品的认知，让客户对产品满意。不过，这要求销售员掌握一定的处理方法。

请看下面的客户投诉情景案例：

销售员："秦姑娘，很高兴再次和您见面，我记得您上周在我这里买了一条漂亮的裙子，不知道您今天想选购些什么？"

客户："我不是来买东西的。上周在你这里买的裙子太容易脏了，刚穿了两天就脏了，颜色也不是很好看，我想退货。"

错误应对：

（1）“这不是质量问题，所以我们是不给退货的。”

（2）“这个颜色是您自己选的，当时您还特别喜欢，现在您又不喜欢了，这是您个人的原因，退不了货。”

（3）“您买的时候不是很喜欢吗？这个我们也没办法，不可能给您退货。”

面对这种情况，有的销售员会言辞激烈、态度急躁，或是只给予简单机械的解释了事，这样会给客户留下推卸责任的印象，自然难以得到客户的认同。对于这种退货要求，那些有经验的销售员总能应对自如，这是因为他们有正确的解决方法。

正确应对：

（1）销售员：“真是对不起，因为这件事，让您在这么热的天气跑来跑去，很辛苦。我明白您的意思，不过，现在像您这样的年轻女孩都喜欢穿白色裙子，一来好搭配衣服，二来在夏天显得干净清爽，您第一眼就选中了它，我也觉得很适合您。其实它的清洗很简单，它的材质和做工非常精细，手洗或者机洗都可以……”

其他情况的应对方法还有：

（2）销售员：“秦姑娘，这条裙子的颜色是今年的流行色，非常漂亮，又充满活力，其实您只要掌握正确的色彩搭配法则，完全不用担心。我们这里有一个色彩搭配图册，我来帮您搭配一些适合的颜色……”

（3）销售员：“其实我们的产品在卖出后一般都是不退不换的。不过您既然没有穿过，我们可以考虑给您换货，我们最近又到了一批新款裙子，样式非常漂亮，您可以在这些裙子中选一款您更喜欢的。”

只有找到合适的方式与客户交流，才能成功地处理客户的投诉。许多销售员都有这样的经历，客户在投诉时，往往表现得情绪激动，十分愤怒，有的客户甚至大骂销售员。这个时候，销售员要知道，其实这是一种发泄，一旦发泄出心中的怨气和不满，客户的愤怒情绪就会得到释放，从而保持心理平衡。这个时候，客户最想看到的是销售员的尊重和重视，所以销售员应立即向客户道歉，并采取相应的措施。

那么，面对客户的投诉时，销售员该如何处理呢？

### 1. 耐心倾听

处理客户投诉时，不可轻易打断客户的抱怨，更不能批评客户，而是应该耐心地倾听，鼓励客户说下去，让他们尽情发泄心中的不满情绪。一旦耐心听完客户的倾诉，使他们发泄完心中的不满情绪，他们就会感到满足，然后才愿意听你的解释和道歉。

### 2. 语言得体

解释问题时，销售员要注意说话的方式，做到得体大方、合情合理，而不能说一些伤害客户自尊心的话。与客户沟通时要尽可能运用委婉的语言，就算客户有什么不对的地方，也不能太冲动。

### 3. 态度友好

客户抱怨或投诉说明他对产品和服务不满意，心中有抵触情绪。要想消除客户心中的抵触情绪，就要保持友好的态度，礼貌地对待客户。

### 4. 处理迅速

接到客户的抱怨或投诉后，要迅速处理，通过电话或传真等方式了解详细情况，根据具体情况与同事们一起商量出妥善的处理方案，最好当天答复客户。

每一家企业都无法保证自己的产品和服务永远不出问题，所以难免有一些客户抱怨和投诉。身为一名成功的销售员，面对客户的投诉时，要镇定自若，灵活运用各种技巧将危机一一化解，让愤怒的客户满意地离开。

俗话说：“有则改之，无则加勉。”当客户投诉时，不管他是否有充分的理由，都能转化为积极的作用。销售员面对客户要以诚相待，多考虑客户的利益，经常换位思考，遇到客户投诉时认真分析原因，并积极处理客户的投诉。

## 1个老客户=10个新客户，学会留住老客户很重要

有人认为1个老客户发挥的作用堪比10个新客户。与老客户维持好关系，赢得他们的信任和喜爱，他们不仅会成为你的回头客，还会乐意为你传播口碑、介绍新客户。

所有销售人员都想维护好老客户并开发新客户。公司想要不断向前发展，侧重点不能只放在开发新客户上，与老客户维持好关系显得更为重要。

10年前，IBM的年销售额从100亿美元迅速增长到500亿美元，时任IBM营销经理的罗杰斯谈到自己成功的秘诀时说："大多数公司营销经理想的是争取新客户，但我们成功之处在于留住老客户；我们IBM为满足回头客，赴汤蹈火，在所不辞。"

乔·吉拉德被称为"世界上最伟大的推销员"，在15年中，他靠零售的方式销售了13001辆汽车，创造的汽车销售最高纪录至今无人打破。不

过，研究发现，乔・吉拉德65%的交易都来自老客户的再度购买。为客户提供高质量的服务，从而不断拉来回头客，是他成功的关键。

成功的销售员将与老客户维持关系当作企业和自己发展的头等大事。相比开发新客户和提高市场占有率，留住老客户更为重要。研究人员通过多次调查发现：留住老客户对企业产生的经济效益远远高于只注重市场占有率和发展规模经济产生的经济效益。

研究表明：发展一位新客户所需的投入相当于维护一位老客户的五倍。很多时候，就算能发展一位新客户，也要等一年后才能实现盈利。所以，确保老客户二次消费，是降低销售成本和节省时间的绝佳方法。

留住老客户对发展新客户也有很大的作用。面对琳琅满目的商品，老客户的推销作用是一股不可小觑的力量。因为消费者产生购买意向后，首先要搜集大量的信息资料，然后才会选择购买。相比销售人员的介绍，消费者更愿意相信亲友、同事或其他人的推荐。

当前的客户是最好的潜在客户，假如你始终秉持这种理念，就一定能与客户建立长期关系。尽管每一个销售员都对开发新客户倍感兴趣，但是你千万不能忽视老客户。相比开发新客户，维护老客户只需要付出很少的时间和精力。

小郭是一名汽车销售员。刘先生是他的老客户了，前几年买了一辆丰田车，最近又通过小郭购买了他的第二辆丰田车。刘先生连买两辆丰田车，除了因为喜欢丰田车之外，还有一个重要的原因是小郭的优质售后服务。

刘先生第一辆红色丰田车，有一次不小心被划了。刘先生把这事告诉了小郭，小郭二话没说，就驱车去现场看了刘先生车的刮漆情况。当看到刮漆不是很严重时，立刻联系了保险公司。小郭还告诉刘先生，如果保险公司不理赔，他们公司负责到底。刘先生很感动。

很快，保险公司的人来了，行动倒是很利索，很快就把刘先生的车拖到了一家汽修厂。“当时看着这家汽修厂的厂房挺大、设备齐全，人也热情，还挂着‘一类汽车维修企业’的横幅呢，所以就放心地把车交给了这家汽修厂。”刘先生这样告诉小郭。谁知当刘先生去取车的时候，发现车漆虽然喷好了，却根本没法看，新喷的地方和原车很明显是两种红色。但是汽修厂的人反复说：“我们是一类企业，技术上没问题的，喷漆的效果都这样，你去哪儿喷都不可能做到完全一样的。”得到这样的答复后，刘先生既生气又失望。

刘先生随即又把车送回小郭的公司重新做了喷漆。当他取车时，刘先生一脸兴奋地说：“车子根本看不出来哪里刮漆了，跟新的一样。”从此以后，刘先生需要对车进行保养或修理的时候，只要一个电话告诉小郭，小郭就联系公司的保养或维修人员专门负责。

借助优质的售后服务赢得老客户的信任和好感，才能维持好与老客户之间的关系，为实现二次销售做好铺垫。

开发新客户固然重要，但巩固老客户也十分重要。那么，如何才能巩固老客户呢?

### 1. 与老客户保持定期联系

销售员务必要定期拜访老客户，而且要清楚地意识到一点：与老客户保持接触，是让老客户重复购买的最好办法。

### 2. 更多优惠措施

销售员要给予老客户更多的优惠，比如折扣、赠品等，并且要常常和老客户沟通，与老客户保持融洽的关系。

### 3. 经常进行老客户满意度的调查

一些研究发现，客户有25%的购买体验不好，在体验不好的客户中只有5%的客户会抱怨，而大部分客户会少买或转为购买其他企业的产品。因此，销售员应定期调查客户的满意度，问清楚客户有哪些不满意的地方，这样才能更好地改进，让客户满意，从而防止客户流失。

### 4. 特殊老客户特殊对待

美国哈佛商业杂志发表了一篇研究报告，报告中指出：与第一次购买的新客户相比，多次购买的老客户能为企业多带来20%～85%的利润。因此，销售员要根据客户本身的价值和利润率来细分客户，给予高价值的客户更多的关注，确保他们可以获得一些特殊的服务和待遇，从而把他们培养成企业的忠诚客户。

销售员应该记住这样一句话：永远不要忘记老客户，也永远不要被老客户忘记。假如没有老客户做稳固的基础，对新客户的销售只能弥补失去老客户的损失，销售量不会增加。

现如今竞争激烈，老客户的流失已经成为每一位销售员不得不重视的问题。客户的感情不是一朝一夕就能够建立的，老客户需要一点一滴的付出来维护。如定期和老客户互动，拉近感情；适当促销，吃小亏，让老客户感觉赚到了。争取留住你的老客户，让他二次购买。

# 第十章 沟通禁忌

## 会说更要会思考，小心祸从口出

销售是与人交流的过程，交流就一定少不了沟通，有沟通就一定要说话，有些时候销售员不经意的一句话就会给自己带来麻烦。所以，销售员与客户沟通的第一要点就是管住自己的嘴，小心祸从口出。

## 别让不当的言谈举止毁了你

在销售活动中，每个销售员都需要塑造良好的个人形象。其中，言谈举止是销售员个人形象的重要方面。在销售过程中，销售人员一个小小的不良动作或一句不恰当的话语，都会使销售工作陷入僵局。

销售是一个与人接触的过程，而不只是把产品或服务卖出去。客户拒绝你的原因有时可能是对你这个人不满意，而不是觉得你的产品或服务不好。因为你的一些言谈举止已经在不知不觉间引起了客户的反感。

细节决定成败。在销售过程中，销售员下意识的某个不良动作或某句不当的话，都可能导致销售以失败告终。著名的销售大师原一平在这方面就犯过错误。

在原一平刚做销售员的时候，有一次，他受公司之托去拜访一家酒店的老板。他拜访的是公司的老业务员开发的新客户，所以原一平的拜访只是回访。因此，原一平放松了警惕，当天打扮得很随便，不仅没有系好领带，甚至连帽子也戴歪了。

原一平到达酒店后，刚向客户打招呼，客户就不满意地说："我信任贵司才投保，难道贵公司的员工穿着就这样随便！"当时，客户很生气，坚决拒绝原一平提出的继续投保的请求。此时，原一平终于意识到自己犯了多大的错误，于是不停地向客户致歉，这才得到客户的原谅。

通过原一平的故事，我们可以看出，做销售最重要的其实是做人，而做人最直接的体现就是你的言谈举止和气质外表。客户只有先接受了你的外在，才有可能接受你所推销的产品。

在现实销售过程中，很多销售员业绩一直都不好，这很可能是因为客户对你有不好的印象。这些不好的印象可能是你不当的言谈举止导致的。

一些不当的行为或者言谈会令你的形象大打折扣，下面我们来谈谈有哪些不当的言谈、举止？

（1）在销售过程中，如果销售人员神态紧张，口齿不清，客户就会将此当作缺乏能力和经验的表现，从而产生猜疑。

（2）假如销售人员说话时唾沫四溅，客户就会产生反感，唯恐避之不及。

（3）假如销售人员在与客户沟通时经常说一些不良的口头禅，比如"扯淡"之类的口头禅，将会严重影响沟通效果。

（4）夸夸其谈或高谈阔论。夸夸其谈容易导致行为失礼，而高谈阔论则会让客户感觉你目中无人。一个毫不顾及旁人感受的人怎会为客户提供好的服务呢？

（5）当客户讲话时，如果销售人员东张西望、哈欠连连，甚至伸懒腰，一副无精打采的样子，客户就会觉得你精神不好或不耐烦。

（6）销售员说话时不看客户，是不礼貌的表现，而且会让客户觉得你心中有鬼或不诚实，从而怀疑你。因此，说话时要用自然的眼光看着客户。

（7）销售员当着客户的面做出挖鼻子、掏耳朵、剪指甲、舔嘴唇或当众搔痒等不雅的动作，会给客户留下一个非常糟糕的印象，令客户感觉不舒服。

（8）如果销售员当着客户的面照镜子，就会显得特别注重自己的容貌，或者缺乏自信，这是不礼貌的行为，很容易导致客户反感。

（9）与客户沟通时，销售员最好不要在客户面前抽烟，特别是在不抽烟的客户面前。在客户面前抽烟是不尊重对方的表现，这样做既会让对方感到不舒服，又会让对方想要尽快躲开你。

（10）销售员如果坐相不好，比如双脚叉开、前伸，人半躺在椅子上，脚敲地面发出声响，或者两腿来回晃动，就会给客户留下懒散、不耐烦、不尊重人的印象。

（11）销售员如果频繁地变动姿势，甚至乱动不止，手臂挥来挥去，身体扭来扭去，腿脚抖来抖去，都会使一个人的站姿变得十分难看，会给客户一种随意感，使客户难以对你产生信任。

（12）与客户交谈时，毫无忌讳，如谈论一些关于疾病、死亡等的不愉快的事情，或是在喜庆场合说一些不吉利的话语，以及对于客户不愿谈的话题追根问底，这些举动都会引起客户的反感，甚至会让客户终止洽谈。

与客户沟通时，销售员一定要注意言谈举止，不能忽视言谈举止对销售成败的影响。实际上，一个人的言谈举止能直接反映出他的文化修养和素质。因此，销售员务必时刻注意言谈举止，纠正自己的不良习惯，在客户面前展现出最佳的自己。

## 沟通赢得诚信，诚信才会成交

销售工作是销售员与客户沟通的过程，销售员通过与客户沟通取得客户的信任，以达到成交的目的。对客户保持诚信是销售员最基本的素质，甚至诚信比成交更重要。

不管从事什么职业，诚信都是重要的职业道德，可以说，诚信是人的基本美德。为什么大家都以诚信为尊？因为在人与人之间的沟通中，诚信具有促进作用，能使双方互相信任，愉快相处。观察销售业绩突出的优秀销售员不难得出一个结论：他们都是讲究诚信的人。

成交是销售人员最直接的目的，不过它并不是销售人员唯一的目的，要想赚取更多的利润，销售人员必须以诚为本。

一位商人在一个部落附近开了一家店铺，部落里的人围着店铺，但只看不买。然后部落首领来了，他挑了四样东西，跟商人说，明天他会拿四块貂皮来付账。

没想到第二天部落首领竟然拿来了五块貂皮给商人，而且第五块是特别珍贵的那种。那位商人说："你只欠我四块貂皮，我只收下我应得的。"部落首领推让了半天，最后满意地笑了。

他随后走出店铺，对外边的族人说："大家都来吧！可以跟他做买卖，他是不会欺骗我们的！"

当天，貂皮堆满了那位商人的店铺，钞票塞满了他的抽屉。

这个故事告诉我们：做销售，做买卖，一定要讲究诚信。说到就一定要做到，诚信经营不仅是经商之道，也是做人之道。

诚信是做销售的基本保证，没有诚信就做不了销售。销售人员在工作中不讲诚信，愚弄、欺骗客户，客户会吃一堑，长一智，最多上一次当，而销售人员自己和公司受到的损失却很惨重。

销售员耍小聪明、小手段，即使偶尔能取得成功，这种成功也是短暂的，要想赢得客户的信赖，诚信才是永久、实在的好办法。

自古以来，做生意都信奉"人无信不立，店无誉不兴"。如今，诚信同样是销售员的无形资产。良好的个人信誉，是一位立足长远的销售员所应当具备的最基本的品行和能力。成功的销售员之所以业绩突出，就是因为他们坚持诚信为本，坚信诚信比成交更重要。

有个叫张三的年轻人，在热闹的集市上开了一家酒馆，名为"实惠酒馆"。

刚开业时，酒馆里的东西价格很实惠，而且碗大、酒香。于是酒馆每天客户盈门，生意兴隆，酒馆里的酒常常供不应求。张三看在眼里，喜在心里。为了获取更多利润，他起了坏心思，不仅把大碗换成了小碗，按照大碗的价钱卖给客户，还骗客人说酒里加了名贵的中草药。

客户都很信任张三，于是客户不但没少，反倒比以前更多。张三尝到了甜头，于是又往酒里掺水。几天后，客户越来越少了。

一天，一位老人走进店里，问张三："你这店里怎么会这么冷清啊？"拿笔来，我给你一个秘方。张三拿来纸笔，老人写了"诚信"两个字。于是张三把酒店改为"只赚一文钱"。

张三从此诚信经营，坚持一碗酒只赚一文钱。很快，他的生意又开始兴隆了。

做销售需要精明，但精明不等于欺骗。许多人都认为说谎、吹嘘等手段在销售过程中是值得一用的，甚至认为是必需的。其实，这是目光短浅的表现。他们从中获得了巨大利益，却不知道将来失去的会更多。

诚信自古以来就是做生意的第一要诀，因为只有以诚为本，才有可能做成大生意。假如弄虚作假，就注定走不长远。俗话说："百金买名，千金买誉。"可见信誉有多重要，它比"名"更可贵，而且说明需要费很大力气、投入很多才能保住信誉。

不讲诚信必然要付出惨重的代价，因此，销售员要想取得成功，最好的策略就是讲究诚信。如果销售员口才很好，但是心术不正，虽然可以说动许多人以很高的价格购买劣质甚至毫无作用的产品，但是同时他也失去了很多，比如客户对他的信任。这种收益付出的代价是惨重的，得不偿失。

诚善于心，言行一致。在销售过程中，销售员应加强职业操守的修炼，忠于职守，诚信待人，诚信服务，并长年累月地坚持下去。以人为本，视诚信重于泰山，对客户负责，对企业负责，更要对自己的人格负责。

## 不尊重客户，客户也不会尊重你

客户是销售员成就事业的基础。要想业绩突出，你就需要学会尊重你的每一位客户，这样客户才会给你最好的回报，你的销售业绩才能蒸蒸日上。

每个人都希望得到他人的尊重与认可，客户也不例外，同样希望得到销售人员的尊重。销售大师乔·吉拉德说过：“我们的客户也是有血有肉的人，也是一样有感情的，他也有受到尊重的需要。因此，销售员如果一心只想着增加销售额，赚取销售利润，冷漠地对待客户，那么很抱歉，成交免谈。”

客户是我们的衣食父母，所以我们必须学会尊重客户。优秀的销售员都懂得尊重客户有多么重要，所以能主动满足客户渴望被尊重的心理需求，从而提高销售的成功率。

不管什么时候，销售人员都要尊重客户，无论对客户有怎样的看法，都不能在言行和神态中表现出来。人人都有自己独特的个性，而我们要做的就是尊重客户，让他欣然接受我们的产品。

有一位推销员到一个山区农村去推销洗衣粉。

他来到一个村口的小卖部，店主是一位老大爷，生性孤僻，顽固保守。其实推销员早已听说了，他准备好了该如何说，正要开口，这位老大爷却大喝一声："你来干什么？"犹如平地一声炸雷。

推销员一怔，随即变换了说话内容："大爷，您猜我今天是来干什么的？"

老大爷不客气地回敬说："你不说我也知道，还不是向我推销你们那些破玩意儿。"

推销员一听，哈哈大笑："您老人家聪明一世，糊涂一时。我今天可不是来向您推销的，而是求您老人家向我推销的。"

老大爷一听愣住了："你要我向你推销什么？"

推销员回答："我听说您是这一带最会做生意的，而洗衣粉的销售量很大，所以我今天是来向您讨教推销方法的。"

老大爷活了大半辈子了，从未有人登门求教，心中很高兴，于是便兴致勃勃地向推销员大谈生意经，直到推销员起身告辞才住口。

推销员刚走到门口，老大爷忽然想起什么似的大声说："喂，请等一等，听说你们公司的洗衣粉很受欢迎，我要订100袋。"

上面的案例耐人寻味。这位推销员面对老大爷的拒绝，急中生智，采用向老大爷请教的方法，极大地满足了老大爷被尊重和重视的心理需求，赢得了他的好感，从而成功推销了洗衣粉。渴望被人尊重和重视，这是一种很普遍的心理需求，作为消费者的客户也不例外。因此，这种心理需求正好给销售人员推销自己的商品带来了一个很好的突破口。

所有客户都害怕受到销售员的冷遇，假如销售员把客户晾在一边，客户自然不愿意和销售员做生意。因此，销售员一定要照顾好客户的情绪，用周到的服务赢得客户的心。

为了满足客户渴望被尊重的心理需求，销售员需要注意以下几点内容：

（1）一位合格的销售员，不能以客户的经济实力论好坏，不能以貌取人，不管是大客户还是小客户，销售员要一视同仁，而不能“势利眼”。这才是长久的销售之道。

（2）对客户保持合适的礼仪，满怀热情地为客户做好每一项服务，注重细节，保持微笑。

（3）尊重客户的选择，假如客户没有购买我们的产品，千万不要表现出不满。

（4）学会倾听，客户说得越多，销售员了解得越多，能更准确地把握客户的消费心理。而且认真倾听，会让客户感受到我们的重视和尊重，从而拉近彼此间的距离，促进交易的达成。

优秀的销售人员都应该懂得这样一个道理：在销售过程中一定要让客户感到被尊重和重视，这对销售是非常有利的。因此，销售人员一定要尊重客户，千万不要让客户觉得你目中无人。在销售过程中，只有你给了客户面子，他才会让你拿订单。

在销售过程中，每一个客户都很重要。微笑面对每一个客户，这是对客户最大的尊重，也只有尊重每一个客户，你才能获得客户的心，从而赢得成交的机会。

## 轻易亮出自己的底牌，你就输定了

销售员要想在销售中掌握主动权，一定要保留自己的底牌。而且不能轻易亮出自己的底牌，不能轻易让步，否则既会导致产品的利润下降，又会导致产品给客户留下一个糟糕的印象。其结果必然是客户放弃购买，转而选择其他公司的产品。

俗话说：“知己知彼，百战不殆。”如果销售员在未摸清别人家底的时候就先泄露了自己的底牌，就会“逢战必败”。其实，销售的过程是心与心的较量的过程，就像打牌的人永远不想让对方知道自己的底牌一样，在销售过程中也绝对不能把自己的底牌掏出来给人看。

销售员轻易在客户面前亮出自己的底牌，是不明智的。这样不仅无法摸清对方的家底，还容易使自己更加被动、更加不利。因此，不论面对怎样的客户，我们都不要轻易亮出自己的底牌，而要讲究策略，有所保留。

因此，销售人员在确认客户不反感某产品的缺陷时，应该委婉地表述，而不是直接揭露秘密。不要过早向客户和盘托出，否则就会被客户看透。

销售过程中的一个重要环节——商务谈判，就是双方在打牌，看着自己的底牌，也要知道对方的底牌，无论对方打出什么牌，都要有自己的应对方式。谈判的特征，就是互动。

陈女士在一家家纺企业工作，担任销售部的经理。由于工作马虎，她在一次十分重要的招商活动中犯了一个错误，结果在公司内部被通报批评，为此事公司还专门制定了一个有关如何为企业保密的新条例。

事情的经过是这样的，陈女士所在的公司很多年前就已经开始发展内销市场了，为此公司周期性地举办招商会，希望通过招商会寻找一批各地的代理商。这方面的工作主要由陈女士负责。但是，公司领导层在经营方面出现了重大分歧，一个股东选择退出经营，从而导致公司资金链断裂。这次招商活动的主要目的就是解决这个问题，以帮助企业渡过难关。

由于陈女士平时和几个代理商的关系很好，所以在招商会开会之前，他们聚了一次。席间，陈女士抱怨自己在公司中的尴尬处境，说出走的股东想带走她，而她本人希望留下，并透露股东出走导致资金链断裂，本次招商会的主要目的就是帮助企业渡过难关。

其中一个代理商听了陈女士的抱怨，转而将这一秘密告诉给其他经销伙伴。于是他们在招商会开会之前串通其他商家，约定在招商会开始的时候集体不签单，要和公司进行谈判，以便得到更优惠的价格。最后公司只能屈从，这给公司带来了很大的损失。

事后，公司自然要追查原因，陈女士主动向老板说明情况，惹得老板勃然大怒，斥责陈女士缺乏保密意识，希望她以后引以为戒，并重罚了陈女士。

陈女士无意中的一句话泄露了谈判的底牌，结果给公司造成不可估量的损失，这让陈女士懊悔万分。

其实，合作双方都有自己的底牌，就算双方是战略伙伴关系，也不能轻易将底牌示人，因为合作伙伴关系也存在博弈关系。不管对方是否是生意上的朋友，销售人员都要藏好自己的底牌，一旦让对方知道了你的底牌，就很有可能导致不公平的交易。

销售员常常会遇到很难搞定的对手。他们不理会你的报价，仅仅强调和当前的供应商合作很愉快，而当你要放弃时，他们却会问："你的最低价格是多少？"原来客户之前所有的铺垫都是为了得到这个问题的答案。

遇到这种情况怎么办？把底价报给他们？那是绝对不行的。他们听到最低报价会不会善罢甘休呢？当然不会。他们依然会继续以不合作的态度相逼迫，因为他们在试图了解你的底牌。所以，无论怎样都要坚持，不要轻易泄露底牌，否则就会造成很大的损失。

那么具体该如何做呢？最好的回应，就是请他们提出一个合适的价格，反过来刺探对方的底牌。当然，对方对于自己的底牌也会守口如瓶，怎么办呢？尽管如此，还是要坚持不说，再重复一遍之前的话："还是你们出个更合适的价格吧。”然后保持沉默，一个字也不说。尽管这个时刻非常难熬，但要记住：谁先开口就等于谁做出让步！

当客户要知道我们的底牌时，我们千万不能妥协，而要亮出自己的优势，令客户信服并心甘情愿地购买。比如，我们可以强调产品的性能，以及与同类产品相比它的竞争优势在哪里。总而言之，我们一定要慎之又慎，藏好自己的底牌，与客户迂回到底。

如今，随着市场经济的不断发展和完善，传统销售已向现代销售迈进，现代销售强调销售产品要“沟通”，而不是“吆喝”。现代销售要求每一个销售员，为求买卖成功，首先要在买方与卖方之间通过沟通双向传递信息，建立起某种“关系”。

大多数人认为，一名销售员只要会卖产品就行了。其实，从沟通学的角度来分析，销售员销售的对象其实是“人”，而不是产品。因为与客户沟通顺畅了，销售自然水到渠成，这是销售成功的秘诀，也是销售的最高境界。古今中外，莫不如此。

因此，在激烈的市场竞争中，销售员必须了解销售沟通的基本原理，学会正确的沟通方法，掌握有效的沟通手段和技巧，正确解决销售中的各种难题和疑问，建立买卖双方互利共赢的关系，最终取得销售的成功，赢得更多的市场份额。